On sait l'autre

DU MÊME AUTEUR

Chez le même éditeur

Décembre m'a cigüe, 2013.

Chez d'autres éditeurs

Létika Klinik, Dernier télégramme, 2006.

Tiphasme est Phasme, Inventaire/invention, 2007.

L'Écharpe douce aux yeux de soie, Atelier de l'Agneau, 2007.

Amor barricade amor, Atelier de l'Agneau, 2008.

Caillou, éditions du soir au matin, 2008.

Rupture, Dernier télégramme, 2008.

Le mot il est sorti, Al Dante, 2010.

Du pop corn dans la tête, Atelier de l'Agneau, 2010.

Soleil-Œil Crépu, Dernier télégramme, 2011.

Mercure, Al Dante, 2011.

Salle de spectacle du silo d'Arenc, Al Dante, 2011.

Qui journal fait voyage, Atelier de l'Agneau, 2012.

Vous l'appelez : Rivière, La dragonne, 2013.

Bel échec, Dernier télégramme, 2014.

Édith Azam

On sait l'autre

P.O.L
33, rue Saint-André-des-Arts, Paris 6e

ISBN : 978-2-8180-2094-4
www.pol-editeur.com

On allume la radio mais sans penser au geste et sans même écouter ce qu'elle crache, la radio. On allume l'éclairage, on réchauffe le café, on écoute le frigo qui grince aussi bien que nos os : aussi bien que nos os, aussi bien que nos os. Derrière le rideau, la fenêtre est fermée. Derrière la fenêtre, trois chevaux dos à dos : trois chevalos, trois os. On ferme les paupières, on dit : ça passera, on ne sait pas de quoi on parle mais on le dit : ça passera, que ça finira bien par passer, puis, dans l'arrière-cour une voiture démarre, elle roule bleue sur le chemin, s'enquille en jaune un peu plus loin, et dans : l'embouteillage. Ça passera, ça passe passe. Le café bout, ce n'est pas grave. Dans la tasse on verse de l'eau froide, on avale d'un trait. Une rasade, une autre une : rasade. L'autre, on le voit de loin, il arrive bras ballants, on entend son pas lourd, son pas fait scrcsh sur le gravier. On le voit de loin, l'autre, il agace. Il nous agace de voir si loin. Voir jusqu'à lui, jusqu'à cet autre, c'est une anomalie : ça nous cloche. Voir l'autre de si loin, c'est anormal. Oui, c'est ça le mot à dire : A-NOR-MAL. On le répète trois fois de suite, trois fois fois fois, trois trois, on répète. Cela ne change rien aux choses, juste que la répétition permet une transition simultanée. On écoute la radio qui dit : Lisbeth. Lisbeth c'est joli, ça nous plaît, on ne sait pas pour quelle raison ça nous plaît, on le retient quelques secondes, dix par exemple, ensuite tout se déforme, on ne sait pas pourquoi non plus. C'est peut-être le corps entier qui se délite. C'est ce qu'on pense, et, au moment même de la pensée, les trois chevaux dehors : hennissent. Les trois chevalos : se moquent. Chevalo Un, chevalo Deux, chevalo Trois. Ensemble, ils se rient de nos dos, aussi bien que nos os, que nos os. Nos os : qui se croustillent, en rhumatismes. L'autre, dans les graviers, il approche. On plaque les mains sur les oreilles, on ne veut pas le voir, on ne veut pas qu'il vienne, mais bien sûr c'est trop tard pour fermer les volets, trop tard pour s'enfermer dans le lit et répondre qu'on est malade. La cafetière aussi n'en peut plus, la résistance vient de péter. On entend encore le crac résonner dans le crâne. On espère que les nerfs vont lâcher : forcément, ils ne lâchent pas assez. On voudrait pleurer, parvenir à une larme, mais même en s'appliquant on reste sec comme une souche de bois mort. On a passé le cap des pleurs, et le moindre d'entre eux est un caillot, un cri : raide. On se dit que ce cri, ce hurlement sauvage qui compresse les poumons, si jamais on le pousse, il sortira comme une balle et que c'est : le corps entier, le corps entier qui se déversera alors. Voilà, on se dit tout cela et puis, et puis jingle à la radio, on change d'émission, on passe à quoi ? Pfff, peu importe, pfff, peu impfff. On écoute tout de même parce que oui, on est un peu curieux, encore un peu curieux, se dit-on, dans un sursaut de vie qui ramène à l'enfance, aux plus grandes audaces. Alors oui, un peu curieux on le répète en souriant, comme une fierté, comme si on allait relever quelque chose, se redresser dans la colonne et dans la tête. Et puis soudain c'est du mépris qui coince aux commissures : grimaçantes. Et dire qu'on allait presque y croire, avoir l'outrecuidance d'y croire, être assez myope pour s'oublier, mais : on sait sa gueule, on voit son âge. On voit on sait : tout le bâclé, les choses foutues à la casse, on sait, on voit tout ça. Bref la radio, l'écouter afin de centrer la pensée. Dans le poste, ça parle de missiles, de délibérations, et d'avocat du Diable. Non, pas vraiment de quoi, vraiment avoir : envie d'oreilles. On fait les quatre pas qui nous séparent du poste, on met la main sur « on », on appuie ça fait « off ». On appuie ça fait « off », et ouf alors : on soupire. On soupire un silence ou un je-ne-sais-quoi qui grince comme un silence, et, bien sûr, c'est dans le corps que ça se passe. Là on se dit, bon sang, bon sang tout ce que ça ramasse un corps. Et puis la suite, la suite on fait comme si on ne l'entendait pas, mais c'est la seule chose qui percute : heureusement qu'il crève. Et puis la phrase dans son entier rebondit dans l'oreille interne au point qu'on voudrait s'arracher les tympans : le corps, bon sang le corps, tout ce que ça ramasse. Heureusement qu'il crève : heureusement oui, c'est ce que l'on espère pour le coup, en voyant le mot défiler dans les lobes frontaux, et mettre le feu à chacune de nos fibres. Crever bien sûr, qu'on se dit, avec des yeux déments où coule : l'impossible. Crever heureusement, et les lèvres gourmandes et de grands rires, et des mots neufs, pour se remplir la bouche, avec la sensation de vivre ! Heureusement oui, crever joyeux, toujours en route, vers soi, vers… l'autre. Et, une fois encore, mais plus que de coutume, tout se raidit dans les mâchoires. On pense à l'autre, celui d'en bas, celui qui crisse sur le gravier, qui : approche. Il est déjà trop près. Une proximité écœurante. Difficile à avaler comme sensation, difficile à admettre qu'on puisse en arriver à penser des choses si abjectes. On voudrait se laver l'esprit. On tente de lui trouver, à l'autre, une voix, un souffle. On se dit que c'est sans doute cela la douceur d'une présence, prêter à l'autre une part de nous-même, offrir un brin de l'air que l'on avale. On ferme les paupières afin d'être mieux disponible, on joue le jeu, on voudrait trouver mais : c'est désespérant. La seule chose qui nous parvienne est un filet vocal aigre, quelque chose d'inhumain qui nous fait mille aiguilles le long de la colonne. Un souffle fait de grumeaux, de matière anguleuse et coupante. Ce n'est pas une voix non, c'est une matière en trop : qui nous terrifie. On file dans la salle de bains se rincer le visage à l'eau froide, mais trop tard, l'autre est là, et déjà trop le même… ou trop autre. Son pas lourd monte deux marches, les descend, monte deux marches, les descend, s'amuse à répéter sa phrase corporelle et mécanique. Monter deux, marches descendre, monter descendre monter descendre. Déjà, on entend son souffle et ses ongles grincer sur la rambarde en fer. Et son souffle, et ses ongles, et ses dents. Son corps, à l'autre, est beaucoup trop présent, comme s'il nous tenait par la nuque : et c'est brutal. C'est brutal, l'autre, lorsqu'il nous tient dans sa transpiration bestiale, comment son espace ronge le nôtre. On est mal, on transpire, on a froid : on panique. On ne veut pas qu'il vienne, on ne veut pas l'effroi : sa venue. Alors on court jusqu'à la porte, on ferme les doubles tours, on court vers la fenêtre pour y jeter les clefs.

Non : fausse route, ça ferait du bruit d'ouvrir la fenêtre, et un danger de plus si l'autre s'en doutait, s'il les récupérait, les clefs. S'il faisait cela oui, il reviendrait plus tard, en pleine lune, et camouflé de nuit. C'est plus tard qu'il viendrait : avec sa hache, son coup de métal froid. Non, pas la fenêtre. On fait bouillir de l'eau, on la fait bouillir cent degrés, on la fait cuire l'eau, jusqu'à ce qu'elle s'évapore quasi tout entière, puis on jette les clefs au fond de la casserole en espérant qu'elles fondent, et l'autre : qu'il disparaisse. Un quart d'heure plus tard, on entend, ça vient du fond de la cour, les trois chevaux, les chevalos : les chevalos s'ébrouent, presque tranquillement. On revient voir les clefs, elles sont à nouveau glaciales. Glaciales, c'est-à-dire efficaces. Aptes à réaliser ce pour quoi elles ont été conçues. Les chevalos. Il doit être auprès d'eux. Comment se débarrasser des clefs ? Il doit leur parler à l'oreille, chercher à les amadouer afin qu'ils collaborent. Les clefs : comment détruire les clefs ? On les jette aux toilettes, on tire la chasse d'eau, on vérifie qu'il n'y a plus rien dans la cuvette, puis on respire, on se rassure. Les portes sont fermées, les chevaux, on sait bien, c'est impossible qu'ils nous trahissent. Ils ne courberaient pas l'échine. On se dit tout cela, on sait que c'est du foin, mais on ne peut pas se permettre : de plonger. Il faut se ressaisir, examiner les choses sous un angle : mort. On s'assied sur le fauteuil en cuir qu'on a récupéré lors du vide-greniers et qu'il a fallu récurer, découdre, rembourrer. On a pris du temps pour tout ça : on n'a pas aimé. On n'a pas aimé à cause des mots, ces mots-là : récurer, découdre, rembourrer. On se dit que ce sont les mots qu'il emploie, lui, l'autre, des mots sales, des mots qui font du mal au corps. On n'aime pas penser à tout ça, à ce vocabulaire. Alors on se dit non avec la tête, taratata avec la voix, comme si la pensée allait s'effacer sur-le-champ. Taratata tarata-hop : on se dit qu'on change de sujet. On ouvre le meuble en merisier, on sort la bouteille de vodka : un verre. On fait ce qu'il faut faire pour siroter l'alcool. On s'entretient, voilà; on entretient la vie : une forme de vie. On se dit qu'on est bien assis tout de même, que l'été prochain on pourra, peut-être, s'offrir un second fauteuil cuir. Et puis c'est évident, on se demande qui pourra bien venir s'y coller, à ce cuir. Et là pareil, on n'aime pas le mot. Le cuir, la peau, toutes les chairs mortes entassées, traitées, taxidermées : ça nous écœure. Ça fait d'odieux relents dans l'air qui nous rappellent l'autre. Mais non, on se concentre, on veut tenir la route. On regarde la vodka, on pense… à la vodka, à sa fabrication, aux longues vapeurs d'alcool, aux nuits lentes où le jazz grimpe, et nous tient par le ventre. Cloué au ciel : et par le ventre. On se dit que les oreilles aussi c'est d'abord dans le ventre. Que tous les sens c'est là, bien sûr, qu'ils nous tamponnent. Et puis on songe au mouvement du cœur, à sa nage régulière, sa nage régulière, et on s'endort. Presque. On s'endort presque ou, toujours est-il, suffisamment pour le bien-être, pour la torpeur. On remettrait volontiers la radio, ce serait bien un peu de musique, on mettrait du free-jazz, du free oui, ça nous fait plaisir ce mot-là. Pas que l'on parle anglais lot of, pas du tout même, mais bon, la symbolique, la jeunesse, le désir. Le désespoir toujours, mais celui qui nous plonge : vers les hauteurs. Et c'est bon.

On se laisse hisser, une ascension : toute personnelle. On défait le col de la chemise, on retrousse les manches, on se déchausse tout en pensant que, oh, ce sont de petites attentions : sensuelles. Et là on sourit bêtement, un peu gêné devant le vide, comme si le vide allait tout raconter, comme si le vide était : voyeur. Comme ci comme ça, on sourit gêné parce que la sensualité, c'est peut-être trop proche, une fois encore, de l'autre, et l'autre : on n'en veut pas. Il a la peau en trop sur son vocabulaire. Puis là soudain, on rit. On rit, on croit qu'en disant cette phrase on a eu l'invention : d'une arme. On croit que penser est une assurance : de repli. Et puis, et puis son pas, à l'autre, sur le gravier; et c'est une pierre alors qui nous racle la gorge. On essaie cependant de garder le cap, de maintenir le calme. Simplement, on s'ajuste. Il ne faut pas penser trop fort, se dit-on. Alors de crainte que cela ne soit pas possible, on remet ses chaussures, on se lève, comme si rien : était. On met un disque dans le poste, et le volume un peu plus haut que ce que l'on estime du bruit : de la pensée. On choisit le disque, au hasard, sur la grande pile des découvertes, autrement dit, on prend le hasard : dans un disque. On se dit, mais à peine, qu'on n'est pas vraiment courageux, mais que peut-être, la prochaine fois, on prendra un risque meilleur. Peu importe après tout, puisque les choses se déroulent exactement comme on voulait : dans une légère… incertitude. On ne sait d'où provient le CD, on ne cherche pas à savoir, on l'enclenche, on ne regarde pas le boîtier. On ne veut pas d'information : on préfère la surprise. On aime ça, la surprise, s'offrir la possibilité qu'une chose, à revers, pousse.

On retourne s'installer sur le cuir, et c'est une sensation agréable parce qu'il est chaud encore, lorsqu'on se cale dans ses bras. On aime ça, le confort. Non, ce n'est pas exactement cela, pas exactement le confort, pas exactement du tout, en fait. Ce qu'on aime, c'est la sensation que le fauteuil ne soit plus cuir. Ce qu'on aime, c'est cette chaleur : l'accueil, tout simplement. L'apathie nous reprend peu à peu tout le corps, et c'est une langueur, une indolence réconfortante. Sans savoir trop pourquoi, on fait un film imaginaire, on peint derrière les paupières une fresque dont le sens, au bout du compte, ne nous concerne pas vraiment. C'est une vue panoramique, une colline ronde, des oliviers aux feuilles tendres, des enfants-fruits qui mûriront plus tard. Gros plan ensuite, sur un sourire, sur un visage la peau grêlée. Autour de lui, des hommes, des femmes, tous habillés de blanc, caressent l'air pour parler. Leurs mains, dans un flou artistique, s'envolent dans le ciel pour devenir oiseaux. On voit alors des filaments qui glissent, fusent, nous mènent au vertige. Parler du vertige des oiseaux. C'est cette phrase qui se construit soudain dans notre tête. On voudrait la noter quelque part, on aime bien noter, comme ça, les petites choses qui nous traversent. Parler le vertige des oiseaux. Écrire des phrases courtes que l'on tourne jusqu'en boucle pour qu'elles nous relèvent ou, pourquoi pas, en inversant les lettres, qu'elles : nous révèlent. Le vertige nous parle des oiseaux. On ouvre à nouveau les yeux, on farfouille sur la table basse, entre les livres, les revues et les listes de courses. On farfouille, on recherche un stylo. Pas n'importe lequel. On ne fait pas cela au hasard. C'est méticuleux ça, cette tâche-là. On cherche le critérium, il doit y en avoir un sous les piles en désordre, il y en a toujours trois ou quatre qui traînent. On s'en va prendre ensuite le carnet gris dans l'étagère puis on s'installe pour écrire. Mais quelque chose nous arrête. Un petit verrou qui se bloque soudain dans la volonté de. Aux aguets, on écoute ce que le corps raconte. On ne sait plus vraiment pour quelle raison on réagit toujours ainsi, en se fiant au corps. Dehors, dedans. Dedans, le verrou est bloqué. Dehors, le bruit des sabots chevalos. Ils trottent, et ce n'est pas normal qu'ils trottent. On dirait qu'ils veulent... nous faire perdre les repères, on dirait : qu'ils nous manipulent. C'est plus fort que nous, à force d'entendre leurs sabots nous faire le tour de la tête, à force de celle qu'il dégage : on a peur. On pense à l'autre qui approche dont on ne parvient plus à distinguer les pas. On s'en va vers la porte, on vérifie qu'elle est bien close, et puis on songe aux mécanismes qui nous colmatent le corps au point d'en épaissir la peau. Tout de même, avec cynisme on dit, on se dit que ça ne fait pas lourd tout ça comme barricade. On pense que la peau, ça n'empêche pas grand-chose, ça ne protège de rien, que ça ne retient finalement que cette chose, que l'on appelle : corps. Le menu trottin chevalos nous tape la cervelle, on songe aux discours politiques que l'on entend à la radio, on voudrait entrouvrir les stores afin de voir ce qu'il se passe. On voudrait, on hésite, et puis finalement on se passe de voir. On voudrait comprendre sans les yeux, sans la tête. Ils trottent les chevaux, et de plus en plus : en désordre. On déglutit une salive rêche qui reste coincée dans la gorge. On s'y prend à deux fois : déglutir nous fait mal. Ensuite on prend une grande goulée d'air. Les chevalos à présent : cavalent. Cela nous fait froid dans le dos. On ne veut pas le dire et puis, à tort ou à raison, on pense à l'autre plus qu'aux chevaux. Et si c'était lui qui courait, et s'il démontait le toit, crevait les murs de la maison, saccageait le jardin, mettait le puits à sec. Si c'était l'autre, le raffut. On pense que dit comme ça, ça reste encore une question, mais en réalité, bien sûr, bien sûr qu'on n'en est plus à la phase : interrogative. C'est inévitable oui, l'éboulement : c'est l'autre. Le petit salopiaud qui veut nous estourbir, forcément que c'est lui. Et c'est inébranlable puisque : c'est logique. Le regard nous ramène ensuite au carnet gris. Le trente-troisième. Une certitude alors qui monte comme un cri d'alarme. Il faut tous les brûler. Il faut tous les brûler avant que l'autre ne s'en empare. Il faut que tout disparaisse, ne pas laisser de traces, rien : aucune empreinte de ce dont témoigne notre souffle. Il le souillerait, l'autre : il en est capable, il est prêt à tout. Dehors les chevalos-cadavres jubilent, ils ont trouvé une solution à leur problème d'hormones : la guerre. Dans l'urgence alors, on court vers l'étagère, on saisit les trente-deux carnets à pleine main, on les jette dans l'évier, on grille une allumette : on brûle. On brûle tout, et vite. Cela ne va pas sans douleur, mais on ne sait pas d'où elle vient, ni ce qu'elle finit d'écrire, la douleur, ou simplement commence : à effacer. On regarde la fumée qui s'échappe des pages, on y voit le silence et alors on voudrait : on voudrait brûler l'autre, le plonger dans le vide. On voudrait puis on fait, et l'acte est d'autant plus violent qu'il reste : symbolique. On tue. On le fait froidement, avec méthode, dans une férocité scientifique, c'est-à-dire : justifiée. Un sourire bestial nous retrousse le coin droit supérieur de la lèvre, nous exorbite : les babines. Plus que les cendres à présent, qui reposent. On dévisse l'eau chaude, on la regarde tomber, goutte à goutte, fumante. On plante le bout de son index dans la poussière de papier, on remue, on mélange, cela fait une boue noirâtre, que l'eau peu à peu emporte. Poussières. De quoi ? Dans le jardin, les trois chevaux se chevaloppent ; se chevaloppent grand galop, et c'est le bruit et la fureur : le bruit et la fureur. Lorsque l'évier est à nouveau propre, il plane dans la pièce une odeur de brûlis qui nous fiche la nausée, nous écœure. On n'est plus tout à fait certain d'avoir fait ce qu'il fallait faire. On respire, on ferme les yeux pour retrouver le calme.

On se dit qu'on ne mérite pas cela : la violence, ni celle de l'autre, ni celle que l'on s'inflige, pour le fuir justement, l'autre. Et puis on soupire, on hausse les épaules, après tout : chacun fait comme il peut. On se penche sur la feuille pour écrire à nouveau, le regard se cogne à la vue de la légère pellicule de suie qui assombrit la peau à l'extrémité, mal rincée, de l'index. On regarde le bout de chair en souriant de manière d'autant plus terrible, qu'il nous renvoie au pouvoir galvanisant et sans limite, de toute construction : mentale. On ne sait plus vraiment quoi penser, ni même si la pensée peut nous sauver du monde. On se dit que sans doute, le corps aussi a quelque chose à dire, mais comment faire alors, avec tout son mutisme? Décidément, on n'avance pas : il n'y a aucune solution au problème du corps. Il a ce dont on manque : le langage des signes. On regarde la tache de suie qui fait ressortir nos empreintes digitales. La suie, un résidu. De quoi ? De nos propres ordures. Et là, on éclate de rire pour ne pas voir : qu'on meurt de trouille. On meurt de trouille devant soi et aussi bien : que devant l'autre. On crève de peur oui, alors pour oublier l'angoisse, on s'exacerbe jusqu'au fou, on se débride : jusqu'à l'autre. On tente d'imaginer quelque chose de faux, ou plus exactement on rature des zones cérébrales : on efface la mémoire, on élimine les traces sur la main et ce qu'elles racontent des trente-deux cahiers, on biffe les chevaux qui nous galopent autour en rayant de leurs dents notre paroi crânienne. On se démantèle la tête, on invente des pièges pour que l'un d'eux mette à mort : l'autre. On pense que, furie pour furie, c'est jusque-là qu'il faut aller, afin que l'égalité : soit possible.

Constat qui nous épuise autant qu'il nous accable. On n'imaginait pas en être là un jour. On regarde longuement l'index, la poudre noire au bout. Et puis on réalise qu'il reste un carnet, le numéro trente-trois, celui qui n'est pas achevé, celui où l'on souhaitait écrire une phrase tout à l'heure. C'était quoi déjà la phrase ? Elle parlait des oiseaux, elle parlait du vertige. On ne sait plus comment, elle volait dans un sens qui, à présent, ne nous paraît plus possible. Tous les mots se dérobent, on se revoit faire, un à un, les gestes assassins. Courir vers l'étagère, empiler les carnets, les prendre contre soi, les poser dans l'évier, gratter une allumette, puis on sait, le feu nous a tout pris : des mots, de l'écriture. On ne sait pas exactement ce que cela, soudain, en nous, brise. On voudrait se trouver dans une phrase nouvelle, une de ces phrases petites qu'on écrirait serein, avec grand soin, et ce serait la bonne phrase, celle qui ferait grimper les mots, couler l'eau chaude dans l'autre sens, reconstituerait les cahiers, mais le seul qui reste, le rescapé, ne révèle pas un seul des mots qu'on a : brûlés. Un regret, alors, qui nous pince le cœur. C'est d'un tel ridicule… on écrit on écrit, on ne sait pas même si on aurait pris le temps de les relire un jour ces cahiers. À présent on donnerait cher pour que cela nous soit possible. Une fois encore, on examine sa main. Non, c'est plus que ça encore, c'est un face à face avec la trace : la signature de la mort. L'euthanasie portée à sa propre parole. Dehors, chevalo un, cheval de croix, cheval de fer ; dehors, les chevalos : hurlent. Et si, et si… On respire, on essaie d'éloigner ce qui soudain arrive et s'impose à l'esprit. Les chevaux vocifèrent. L'autre, et s'il… Non, on ne veut pas aller jusqu'à cette pensée-là. On ne peut pas se le permettre, ce serait invivable, on deviendrait cinglé. On ferme les yeux. Inspiration : on redresse les épaules jusqu'au léger bruit d'osselets qui craquent dans les cervicales. On tourne lentement la tête vers la droite, ensuite on se tiraille à gauche, puis, on souffle. Reprendre alors le cours des choses. Ce qui signifie ? Ce qui signifie en tout premier lieu, inscrire sur une page blanche, dans une écriture inconnue, que nul jamais ne pourra lire, et qui ne s'adresse qu'à nos morts : inscrire nos cahiers défunts. Et c'est en apposant l'index qu'on fait ça, avec la cendre recueillie de leurs cadavres qu'on scelle leur tombeau. Ensuite on repart s'installer sur le fauteuil cuir et devant la vodka. On essaie de se divertir, quitte à manger des cacahuètes, et la musique alors ? Tiens, c'est vrai ; on réalise que le disque ne s'est pas enclenché. Un frisson dans le dos, c'est le genre de chose, qui là, paraît pour le pire : dangereux. Bien. On serre les mâchoires, on ne veut surtout pas briser : à l'angoisse. On se lève, un peu raide, pour mettre la musique. En fin de compte on ne met pas le CD. Le courage est trop maigre pour souffrir : une surprise. On lance simplement la radio qui, automatiquement, referme nos oreilles. La radio nous referme ainsi que, sur la table de la cuisine, la vue du cahier gris. On s'en empare comme d'un mystère, on le serre sur le cœur, on a : peur. Et si tout ce qu'on disait tout bas était vrai. On n'ose pas avancer plus loin. Une fois encore, on prend la pose, on fige le vocabulaire afin de ne plus penser, puis on repart vers fauteuil cuir se blottir entre les accoudoirs. Ne plus penser. Toujours la vieille affaire : le langage, le corps : l'autre. Il sait parfaitement cela, lui, sans doute. La preuve, il tient debout, pose ses grandes mains partout, et de sa langue : il nous sabre. L'autre, on le sait qu'il est là, autour, à rôder, à renifler le territoire, mettre des croix dessus, rétrécir nos frontières. Il est en bas. On ne l'entend plus, mais on sait, il est en bas : il zieute, il devine. Oh surtout cesser de penser. On se concentre sur la radio qui piaille. Quoi ? On n'en sait rien, on dirait que des guêpes ont essaimé dans les baffles. Machinalement on met le carnet gris sur le ventre. On ne veut pas saisir ce que ce geste-là met à jour de nos craintes. On sait que quelque chose se trame mais on ne sait pas quoi. On se dit, allez zou, il ne faut pas se laisser abattre, ce doit être la fatigue, ou tous ces jours pluvieux qui nous entassent la cervelle. Réflexe : fuir. On saisit la première revue sur la table. On ne lit pas, non, on regarde les images, les visages des uns, les visages beaux : des inconnus. De parfaits inconnus se dit-on, et puis on rectifie : des inconnus : parfaits. On leur sourit comme à des frères, on leur invente une vie simple et de douceur, une vie à l'abri. Cela nous fait du bien ces inventions humaines. Puis on pense à nouveau à l'autre. On ne lui sourit pas, à l'autre, on ne veut surtout pas le connaître. Il respire trop fort, il nous espionne, ou, simplement, il existe, et c'est bien suffisant pour violenter nos chairs. On sait qu'il a les bras ballants, les bras tout mous le long du corps : des limaces de bras; il transpire, et sa peau : nous écœure. On l'a vu de loin, tout ça : l'abjection. De beaucoup trop loin. Et c'est toujours cette même nausée qui remonte chaque fois qu'il approche. On se dit que vu l'heure, là, l'autre, il se repose. Il doit mastiquer un brin d'herbe quelque part allongé sur la pelouse. Il doit faire cela, oui, il fait des gestes qui nous appartiennent, se dit-on. Il fait nos gestes, nous les vole, nous vole le corps de manière insidieuse. Toutes les vies nous sont volées, pense-t-on, et c'est toujours trop tard que l'on s'en aperçoit. C'est sans filet, c'est toujours sans filet la vie. Toutes les vies nous sont volées, et l'autre ne dit rien, jamais, de ce qu'il arrache à la vie. On reste bête, et, bien que tout cela nous assomme, on ne parvient pas à s'extraire de la litanie obsédante. Alors on essaie juste par boucles successives, d'élargir sa pensée. Toutes les vies nous sont volées. Nous nous volons toutes les vies, et désirons aussi : être volés, être arrachés. Nous désirons nous dépouiller. Toutes les vies nous sont volées, c'est un malentendu. Il y a malentendu sur tous les paysages, il y a malentendu de principe. Un principe de base, un aveuglement nécessaire, une politesse dit-on, pour ne pas avouer le drame. On ne dit rien, jamais, du désastre. On ne dit rien de tout cela, on parle rarement de la chose. Il n'y a aucune discussion, et les violences sont permises : toutes formes de violence, et sans négociation afin de sortir au plus vite de l'impasse, du sens unique dans l'image qui vient nous crever le regard. Toutes les vies nous les volons pour prendre à l'autre son visage : on ne fait pas si vite face : à son absence : d'identité. Derrière nos yeux, nous vivons : le triste cinéma de notre dérobade. On se vole tous les uns les autres, pour se remplir la bouche de tout ce dont on manque, de tout ce qu'on ignore, pour être simplement : nommé. On se raconte des histoires, on se raconte n'importe quoi pour tenir un peu mieux la route.

On se vole, on s'arrache de nous pour être un peu moins mal ensemble. On se met des mots sur le dos, ça passe par les mots les vies. Nos vies s'ouvrent dans le langage et c'est par là que l'autre : souhaite nous éventrer. Décidément, c'est à hurler. On sait que tout est fichu, que cela dure depuis des siècles, et que pour la musique, on connaît l'air à force, et c'est toujours la même : bêtise. Il veut notre peau, l'autre, c'est évident, et ne cessera pas de rôder autour de la maison tant qu'il ne nous aura pas eu. Rapace. On respire : on respace. Alors bêtise pour bêtise, on anesthésie la pensée. On plonge dans un magazine, on s'invente la vie dans un autre visage. On choisit une maison, on sélectionne des amis, une image pour la mer, une pour la montagne, on s'organise des vacances : virtuelles. On se gave d'images afin de ne pas faire face au présent, à cette sensation oppressante qui désarticule notre souffle. Dehors, les trois chevaux sabotent : le silence : on ne l'entend même pas. L'autre, est si habile. On boit une gorgée de vodka, et cela nous éclaire un peu mieux sur l'état des choses. On boit encore, un peu on boit : on finit le verre d'un trait, et c'est étrange cette impression soudaine d'avoir fait correctement quelque chose. Voilà, c'est ainsi qu'il faut faire. Agir dans l'unité. On se lève, on se dit qu'on va être efficace. Efficace à quoi? On ne sait pas, toujours est-il qu'on s'en va dans la salle de bains. On va dans la salle de bains en emportant le carnet gris que l'on pose sur le lavabo. Ensuite, on ouvre les placards, on en sort la trousse de secours, on fait tomber au sol toutes les boîtes. On s'assied alors sur le carrelage, et puis on fait le tri, parce que cela oblige à la lenteur. On cherche les dates de péremption, puis on laisse de côté ce qui est à jeter. On fait cela, puis on range les médocs valables. On n'a pas trouvé ce qu'on cherchait. On fouine, on farfouille encore, tout en ayant souci de l'efficacité. On jette deux brosses à dents usées, on donne un coup d'éponge pour chasser les poussières, on ouvre les tiroirs. Ah, voilà, on a ce qu'on cherchait : une bande adhésive. Là, on est presque soulagé. On regarde le cahier, et la bande adhésive. On regarde tout ça, on se dit : c'est la guerre, c'est un arsenal militaire. On a les yeux qui s'estourbillent, ou la cervelle ou peu importe, mais on a mal, on a mal, on a : peur. À genoux sur le sol, on sait, il ne faut pas rester comme ça. On se lève, on se voit dans la glace ou un reflet malade, on passe la tête sous l'eau, et puis le visage plié dans la serviette, on sent l'envie de pleurer qui remonte. On sent la salive acide, celle de la panique. Mais on enchaîne, on enchaîne quoi ? Peu importe, on ne sait pas se libérer, alors par défaut : on enchaîne. On pense à l'unité, qu'il faut aller au bout du geste, que c'est la seule solution. Dehors, un camion passe, et les chevaux à fond, les chevalos diablent jusqu'à l'obscène : le cynisme. On jette un nouvel œil au miroir : l'un et l'autre se brise. Une réciprocité d'une précision géométrique. À nouveau on sourit dans un retroussé de babines, et c'est l'odeur du sang qui nous vient. Une odeur : redoutablement : efficace. Bien, on reconstruit tout le discours qu'on n'osait dire tout à l'heure. On est prêt. On ira jusqu'au bout. On le répète : on ira jusqu'au bout. On ne sait pas vraiment ce que cela veut dire, mais une fois encore on a cette sensation qui dit qu'on est mort cent mille fois, parfois mille en un jour et que ce n'est pas grave si : une fois de plus. On saisit la bande adhésive, le cahier gris, puis on part dans la chambre. Le lieu : le meurtre. On sait que c'est là, l'autre, qu'il veut tuer; on sait que c'est là : qu'il rêve d'hormones. Bien : le risque est total. On enlève le sweat, puis on s'assied, calme, au pied du lit. On réfléchit, on pense la situation : désespérée. Nul doute, elle l'est, cependant c'est beaucoup d'espoir au bout du compte. À nouveau le rictus animal nous barre le visage. On songe aux trente-deux cahiers. Et si, en fin de compte, il le savait déjà, l'autre, que l'on a tout brûlé; si c'était lui tout ça. Si tous nos actes étaient soumis à la puissance de ses désirs, à la brutalité suggestive : de ses désirs. On soupire amèrement, on sait qu'on en est là. Quelque chose, un nerf de sauvegarde, nous le dit ça, que tout ce que l'on vient de faire : c'est l'autre. Comment penser autrement la chose ? C'est la seule hypothèse valable, la seule que l'on accepte et que, par conséquent, le discours intérieur valide, et consolide. On n'aurait pas pu, nous, réduire les cahiers en cendres. On n'aurait jamais fait cela : se détruire, anéantir d'un claquement de doigts nos lettres en bâton, nos petits os sauvages. On regarde, sur la taie d'oreiller, le cahier gris, le rescapé. Il signale l'alerte, l'état d'urgence. On entend : on acquiesce. On sait mieux à présent que l'autre, où qu'il soit, est déjà là : trop près. Trop prêt pour qu'à présent on puisse être tranquille, il rogne notre espace, le défigure, nous force à porter le regard vers : la vigilance. Il nous oblige déjà le corps. À présent on sait oui, on sait : l'autre. Qu'il a des pouvoirs invisibles, qu'il manipule de très loin, s'adresse à toutes nos cellules, et que tous les moyens sont bons. On le croit même capable de se tordre l'échine, d'apprendre à parler chien, de faire toutes les chienneries possibles pour atteindre son but. Oui c'est ça, du chien, l'autre, il en a les crocs, il est prêt à mordre, à déchirer la chair. Parfait, on sait maintenant. Dehors dans le jardin, les trois chevaux, les chevalos, salivent : devant des combats de coqs. Lorsque le vaincu est à terre, il lui coupe les pattes afin d'être certain qu'il ne se relèvera jamais. On sait : à qui on a affaire. On sait qu'il peut passer partout, limacer ses bras mous jusqu'ici, et s'il n'est pas là encore, c'est que c'est pour bientôt. On sait l'autre à présent, on mesure : le danger. Il ne faut rien laisser de côté, il se peut qu'il pratique des sciences occultes. On ne peut ignorer cette éventualité. Ça nous dégoûte d'y penser, d'imaginer les miasmes séchés, les immondices broyées, les fioles de venin, l'odeur suffocante, infecte, de sa caverne à rats ; ça nous dégoûte, oui, mais on doit se préparer à tout afin que, quoi qu'il arrive, il ne nous vole pas, l'autre : notre mort. Qu'il ne nous vole pas la forme vers laquelle on existe, dans laquelle il veut : s'immiscer. De toute façon, à regarder les choses en face, il ne peut en être autrement. Alors autant l'admettre une bonne fois pour toutes. Les cahiers, bien sûr qu'on ne les aurait jamais brûlés. Il a dû s'infiltrer dans une case vide de notre tête, l'autre. La case aveugle, la case nue. Nul doute, il vise juste, l'autre, évidemment qu'il la connaît la blessure du langage. On soupire, on n'en revient pas. Penser de telles choses nous paraît tellement incroyable. On a du mal à l'accepter, à soutenir un tel discours, mais voilà qu'à présent notre conception de l'univers se retrousse. Enfin la vision est totale, se dit-on. On sait l'autre : on sait : l'univers. Et c'est l'enfer soudain que l'on visualise, qui se jette sur nous. Il prend nos forces, l'autre, les sirote en aspirant : notre vocabulaire. Oui, c'est cela, il pactise avec les démons, en a la peau farcie, et veut nous déchirer le corps pour leur donner un peu de viande. Dans la pièce à côté, le volume bourdonnant devient de plus en plus aigu, de pire en pire : présent. C'est agaçant ce bruit de guêpes mais on est persuadé que cela va cesser : vite. Sans doute un problème de captation d'ondes, des broutilles. On réfléchit. On réfléchit : scrupuleusement. On empile une à une toutes les stratégies possibles. On cherche une solution au cas où il n'y en aurait : aucune. On ne trouve pas : il y a un os. Un os, plus un os, plus un os : trois cheval'os qui chevalent Fric, chevrotent Froc : nous chevillent au corps. On reste longtemps sans bouger, perdu à la recherche de solutions que l'on voudrait : définitives. Mais on ne parvient pas à sortir de la boucle. Que l'autre nous aligne, cela ne fait plus aucun doute, mais comment faire pour ne rien : lui céder. Pour le corps, c'est limpide : ne pas laisser l'autre : approcher. On est capable, oui, on ne supporterait pas qu'il nous touche, on en mourrait quoi qu'il en soit alors : on est capable : oui. Pour la pensée, on ne voit pas. Et toujours cette même question. Le rescapé, le trente-troisième petit cahier, comment faire ? On ne parvient pas à admettre que ce dernier bout de silence cartographié disparaisse. On ne veut pas refaire une seconde fois, le geste de poussières et feu : ce serait une aliénation de plus. Sans savoir pourquoi, des visions de statues nous viennent à l'esprit. On voit de longs visages, des têtes à moitié humaines, à moitié animales et sauvages, à moitié autre chose encore, mais on ne sait pas quoi. Ce sont des têtes pleines de moitié pense-t-on, à moitié pleines, vides aussi, et de moitié encore. Elles nous parlent, on ne saurait dire de quoi, et pourtant on sait bien qu'elles expriment parfaitement ce qui n'effleure jamais nos lèvres mais que l'on porte si lourdement et bien en travers : dans le corps. On réfléchit, on met à plat toute la nuit qui nous habille la poitrine. On se dit qu'il faut une vie pour admettre que quelque chose dépasse l'organisme. On se dit qu'après tout, ce n'est pas grand-chose, à notre âge on peut bien l'admettre, ne pas mentir sur le bilan. C'est tout petit la vie, tout petits : les morceaux qui brillent, et qu'ils étaient sans doute écrits dans les cahiers, à faire de la lumière encore, parfois, entre les feuilles. On n'avait pas le droit de tous les brûler ainsi. Ils n'appartenaient plus à personne, ils étaient simplement le résidu d'oubli, la trace d'une mémoire qu'il fallait recueillir. À présent que c'est impossible, c'est comme si elles hurlaient, qu'elles étaient faites pour hurler ces traces, jusqu'à jamais. On soupire. On sait, on reconnaît qu'on a eu tort de tout détruire. On touche du bout des doigts la couverture grise du cahier rescapé. On se dit que peut-être, on ferait mieux de s'allonger en attendant que l'autre arrive et tue aussi loin qu'il voudra ; qu'on devrait laisser le cahier sur la table de nuit, qu'il s'en fiche, l'autre, et puis qu'importe, après tout. On dit cela désabusé. Sur un ton : désabusé. Sans doute est-ce une manière de s'octroyer quelques secondes de relâchement. Mais inutile de faire semblant, on comprend mieux ce qui se joue au travers du langage, et il va bien falloir trouver l'alternative : à l'autre. La vérité ? Ce que l'on pense ? S'il s'emparait de ce cahier, ce serait le viol plus le viol, plus toutes ces saloperies de violences. Il nous déroberait par la bouche, nous tordrait le langage. Oh oui, on est d'accord, ce ne sont que de bêtes phrases annotées. Oui, uniquement cela, de petits fragments de paroles, des rebords de puits, des marges à l'écart. Ce n'est que ça la vie : des organes mis bout à bout qui lancent leurs signaux électriques pour que quelques phrases scintillent. On ne peut pas supporter ça, non, qu'il les arrache, l'autre, et nous souille. Parce que bien sûr qu'il n'en prendrait pas soin. Dehors dans le jardin, les chevalos crachent et jurent devant la tombe : du silence. Les mains sur le visage, la nuit entière à l'intérieur, on songe aux trente-deux brûlés, on sait, on ne s'en remettra que si l'on sauve : le dernier. Bien. Inutile de rester là, dans cette dévastation : immobile. On se secoue, on réagit, on fait ce qu'on avait prévu. On prend le carnet gris, on le pose sur le torse, puis on le fixe solidement avec la bande adhésive. Voilà, il est en place. Voilà, les branchements sont faits, entre le cœur : et le cœur. On sait où se trouve la goupille, on maîtrise le détonateur. Deux cœurs, cela nous semble invraisemblable ; deux cœurs, deux : et l'un active Deux : et jamais l'un sans Deux : pour l'unité. Agir dans l'unité, exactement, voilà. Dans le doute toujours : tenir cette conduite. Oui, et peu importe ce qu'il doit advenir. Si tout vole en éclats peu importe, pourvu que l'autre ne nous dégoûte pas : mourir. On remet le sweat-shirt puis on reste assis, au bord du lit, en attente. À l'intérieur la pression monte, on voudrait que les choses s'enchaînent. Vite. Qu'il n'y ait plus de répit à présent, que le fracas surgisse, que plus un choix ne soit possible. On n'aurait plus à faire à la pensée alors, plus aucune inquiétude dans la curiosité de ce que la mort, évidemment : n'est pas. On passe trop de temps à s'en faire un cauchemar pense-t-on. Oui, et pour quelle raison ? Cela nous interroge. On cherche cinq minutes, on en ajoute cinq de plus durant lesquelles on s'embourbe sans surprise dans un silence particulièrement inutile et puis… et puis en fin de compte, on sourit en se disant qu'elle est peut-être là, la réponse : dans le silence. Que la mort nous fait peur pour la simple raison, non pas qu'elle nous emporte, mais qu'elle est l'expérience que nul ne pourra jamais partager. On a peur du silence se dit-on, et le rictus revient en biffant le visage. Cela : nous équilibre. À nouveau on voudrait que le temps passe vite. C'est pénible cette attente, on ne supporte plus, on voudrait qu'il arrive, l'autre. On ferait comme on peut pour sortir de ses griffes, on vivrait peut-être l'horreur, on vivrait peut-être la guerre, mais il y aurait alors uniquement cela : l'urgence du présent. On agirait au mieux, le mental ne troublerait pas grand-chose, on ne trouble pas les ténèbres. Une fois encore, on soupire. On sait qu'il va falloir attendre, et c'est affreux soudain, cette certitude de ne rien maîtriser, de ne pouvoir s'engager dans la bataille avant qu'elle ne soit là, avant : la première frappe. On s'allonge sur le lit, les bras le long du corps, on a un peu moins peur. En regardant le plafond, on se dit ça, qu'on a moins peur et que sans doute cela est dû à cette horizontalité du corps : la posture du gisant, autrement dit, et c'est inéluctable, celle de l'avenir. On se dépingle peu à peu des tourments qui nous oppressent. La respiration devient plus fluide, l'air ne pèse plus des tonnes, n'est plus : en manque d'air. On se dit que quoi qu'il arrive, tout est parfait. Mourir ne paraît plus très grave, on y songe à présent dans la sérénité. On se rappelle quelques questions sur l'au-delà, sur le bon dieu. Décidément c'est toujours pareil, ces questions nous lassent vite. On ne voit pas en quoi elles nous concernent. On ne peut rien imaginer et, dans ce domaine-là, les certitudes, quelles qu'elles soient, ne suscitent que de nouvelles agitations. On hésite quelques secondes et puis on réajuste sa pensée. Dans la pièce à côté, les baffles stridulent : à en péter. On reste sans bouger en fixant le plafond à la recherche d'une lézarde qui nous absorberait le corps entier par le regard, mais aucune écornure. Il faudrait, se dit-on, que seule la volonté suffise pour fissurer les yeux. Mais l'œil ne s'effaille pas et reste un sous-produit de ce qu'il veut bien voir. On se dit que tout cela ne veut pas dire grand-chose, que c'est sans doute fumeux mais que si l'on pouvait, on l'écrirait sur le cahier. Cependant à présent, même ce geste-là, il nous paraît trop tard pour le faire. C'est un geste : tué. Ça commence sans doute ainsi la mort, avec le deuil d'un geste, d'une invention du corps. Dehors, une bicyclette passe. Elle a la roue voilée. On pense, on ne sait pas pour quelle raison, qu'il s'agit de la roue arrière. Les freins couinent plus loin, peut-être au croisement, plus haut à cinq cents mètres, quand le chemin rejoint la départementale. Toujours l'heure du silence, des siestes grasses de sommeil. C'est tentant. On pense qu'on devrait prendre un peu de repos nous aussi, qu'on devrait faire comme l'autre. Et puis une fois encore, la pensée vacille. Une hésitation qui ne nous permet plus de discerner correctement les choses. Cette sensation nous éprouve et revient de manière beaucoup trop régulière. Anxieux, on en cherche la cause. On remonte le fil de la pensée afin de mieux saisir où les doutes se placent. Oui alors, ça s'est passé ainsi, on disait : c'est l'heure de la sieste, on ferait bien de somnoler, de faire comme l'autre. Faire comme l'autre, comme l'autre, l'autre. Non, ce n'est pas possible. On ne fait rien, on ne fera jamais rien comme lui, on s'en moque de l'autre. On s'en moque, on n'en veut pas, on le hait, on lui veut tout le pire. Déjà on se reprend : on voudrait se reprendre, mesurer ses propos, mais une brutalité sans appel nous maintient dans la densité d'une parole : qui nous épouvante. On ne s'y reconnaît pas, on dirait des phrases toutes faites, on dirait... Pwoah, on crache par terre, on se lave la bouche, on dirait ses expressions à lui, l'autre, on dirait : qu'il nous en farci la bouche. Le rictus cette fois, nous taille jusqu'au front. L'autre est déjà si près qu'il contamine notre langue afin de manipuler nos pensées. La réaction est immédiate, on s'insurge : non, jamais, jamais on ne fera quoi que ce soit comme lui. Il ne faut pas inverser la donne ! C'est l'autre qui veut nous voler, nous prendre le corps. On s'aperçoit alors, et ça nous rend malade, qu'on ne peut plus dormir parce que tout simplement, ça doit bien lui arriver aussi, à l'autre : et cela nous effraie. Dehors dans le jardin, les trois chevaux construisent un nouveau dictionnaire en vue de justifier tous les crimes qu'ils commettent. On n'ose plus le moindre geste. Et c'est terrible de songer, ne serait-ce que quelques secondes, qu'il nous a transpercé la tête, qu'il est déjà à l'intérieur, à nous inoculer son poison, l'autre : à pondre. On ne peut plus penser dormir : il tisserait sa toile, nous ensorcellerait. Bouger nous terrifie. On redoute que cela ne nous porte à commettre des crimes, à être son complice, ou pire encore… si c'est possible. C'est infernal, infernal l'introversion que cette pensée entraîne. On le voit bien le piège, comment l'autre il nous rentre afin de nous soumettre et que notre corps soit : son service. Non, ce n'est pas possible. Des tourbillons sonores rayent notre audition, on n'y prête pas attention plus que ça. L'épuisement, se dit-on. On a les yeux blanchis dans quatre centimètres absorbant le plafond : on ne le voit qu'à peine. Ce qu'on regarde en fait, et qui nous dévisage, c'est l'autre : ou son absence. Toujours est-il une image poisseuse faite de trop de chair. Non, ce n'est pas possible, répète-t-on à tour de mots, cela n'est qu'illusion. On tente de se détourner. On se met à plat ventre, on enfouit le visage au creux de l'oreiller, on se dit qu'on va faire exactement comme tout à l'heure avec les magazines : piocher des choses que l'on veut vivre, se remplir les pupilles de ce que l'on veut voir. Bien, ce devrait être facile, c'est juste un exercice de visualisation, une concentration du monde. Là, devant, faire gonfler une vision. Mais on reste sec, on ne parvient plus à le faire. Ce ne sont que des bulles qui remontent, éclatent, nous éclaboussent. On ne voit qu'un marais spongieux, des fumerolles, de la boue. Rien d'agréable, non, et toujours le bruit infernal tourbille dans la pièce. Une fois de plus, on passe à l'as, ce n'est rien, ce n'est rien ; tout ça, c'est la fatigue, ce sont les nerfs qui tétanisent. On s'en retourne vers les visions, on se dit qu'il faudrait faire pousser quelque chose, mettre de la matière afin de faire chuter le taux d'humidité. L'air nous paraît aqueux, les poumons : deux éponges. On se décolle un peu du coussin, on se dit que bien sûr, on s'étouffe tout seul à force de rester la tête dans l'oreiller. On pivote sur le flanc droit, les jambes repliées, les bras serrés contre le torse. L'air passe mieux à présent, et cette ventilation soudaine procure un semblant de détente, qui nous apaise. On repense au cahier rescapé. On pense, et cela nous permet un bien-être total. On pose la main sur le torse, dans l'entrelacs on touche le mystère : cela nous touche. Beaucoup. On ne sait pas comment le dire autrement que de manière arythmique et brusque, cependant, c'est certain, on aimerait tant trouver une phrase, une phrase très courte que l'on noterait sur le cahier, mais les mots restent : les absents du langage. Ce qui nous parvient, malgré les sons anguleux et tranchants qui s'acharnent à vrombir dans la pièce voisine, nous, ce qui nous parvient : c'est un chant. Un chant qui vient de loin, se dit-on, et plus profond qu'une phrase ou… On ne sait pas. On l'admet. Simplement. On ne veut pas que le savoir soit une recherche systématique, une butée. Alors on ne s'interroge plus, on accueille dans un bien-être infini cette drôle de bouche à la pointe des cœurs qui nous insuffle un peu mieux de bonté. On soupire, on grimace, on se trouve stupide. Penser des choses pareilles nous paraît ridicule. Et fatalement, le chant à l'intérieur cesse, et avec lui, la certitude étrange que cette chose onctueuse nous permettait un corps autrement qu'organique. Voilà, tout est à plat. Il n'y a plus de mystère. Retour à la vie biologique, que la science cerne : et plombe. On écarquille d'un coup les yeux, on les agrippe au plafond comme s'il s'agissait de nos mains, et puis on songe qu'il est grand temps de reprendre le fil de la journée qui passe. Pensant à ce qu'on vient de vivre, on se demande si l'on n'est pas malade : peut-être une intoxication alimentaire, peut-être le surmenage. On sent la bande adhésive crisser contre la poitrine : quelle idée saugrenue, se dit-on. On se demande soucieux, mais à peine, pourquoi une telle angoisse? On se dit qu'on ira consulter, qu'on appellera le médecin tout à l'heure, qu'il faut aller se doucher avant tout, enlever cet attirail inepte et fétichiste. Qu'est-ce que ça peut faire après tout, qu'on les ait brûlés, ces cahiers ? On y avait déjà pensé alors, pourquoi en faire toute une histoire ? On ne les relisait jamais, ils nous encombraient finalement. Enfin, ce n'est pas exactement cela mais… on ne va pas en faire un drame tout de même, c'est déjà si grotesque ce qu'on a pu imaginer. Dans la pièce à côté les baffles saturent : de l'acide, cela nous ronge : le système. On se bouche les oreilles, on veut encore rester là. Elle fait du bien au dos cette position, se dit-on, puis on râle contre la chaîne stéréo qui manifestement est déjà fichue, on se secoue, on se redresse, on sort du lit. Dans la pièce à côté, plus de bruit. Un silence : qui nous étonne. Dehors les chevalos, les trois chevaux dehors, dressent : des plans… et les oreilles. Ils ricanent doucement sachant qu'ils sont planqués. On se dirige vers le poste. Plus un bruit, c'est normal : le volume est coupé. On soupire, on se dit qu'il doit y avoir des travaux d'aménagement sur la départementale ou quelque chose comme ça, peu importe, le bruit devait sans doute venir de l'extérieur. De toute façon pour l'instant, on veut prendre une douche : on ne pense qu'à ça. On traverse le salon et, sur la table basse, près du verre de vodka, un pot de confiture attire notre attention. On ne se souvient pas d'en avoir mangé. Enfin, sait-on jamais. On prend le pot pour le ranger, sur l'étiquette on lit : miel de guêpes. On ne sait pas pour quelle raison, cela nous met mal à l'aise. C'est un petit choc électrique alors, qui se produit d'un cœur vers l'autre. On chancelle, on ne chancelle plus, on doute, on ne veut pas douter : on enchaîne. On prend le verre de vodka, on se dirige vers l'évier afin de faire la vaisselle. Il est bouché. Il est bouché, on a horreur de ça. Quelques cendres peut-être qui obstruent le siphon. Pourtant en y songeant, les poussières des cahiers avaient toutes été bues. Très fatigué. On se dit que, vraiment, on est très : fatigué. On passe machinalement une main sur la nuque, puis on la plonge dans l'eau trouble, on farfouille pour ôter les caillots, les miasmes qui empêchent l'écoulement. Voilà, c'est fait. Par réflexe on regarde ce que l'on vient d'extraire. On regarde, on n'en revient pas, on reste médusé. Pendant ce temps le glouglou infernal de la tuyauterie nous cingle les tympans. On dirait que le sang reflue, va se retirer tout entier emportant le corps sous la terre. On s'adosse contre le mur, on a une faiblesse, et c'est à ce réflexe, la faiblesse, que l'on se raccroche, pour se dire qu'on ne rêve pas, que le réel est là. On regarde à nouveau incrédule. Dans la main, treize guêpes. L'une d'elles frissonne, et ce frisson suffit pour que les deux cœurs se retroussent et nous sautent à la gorge. On pousse un cri, brutal, on les jette par terre : le cri aussi. On écrase tout, on piétine. On se dit ce n'est pas possible, et l'espace, tout l'espace nous semble soudain malveillant. Dans le corps, les nerfs lâchent : ceux des jambes d'abord. Alors on se laisse glisser contre le mur, puis on enfouit le visage dans les mains. On ne veut plus avoir affaire à ce qui nous entoure. On se dit, mais on l'entend à peine, qu'on ne veut plus : être vu. L'obscurité devant les yeux, on respire la chaleur des doigts posés sur la figure. On respire, on veut être tranquille, et retrouver un minimum d'aplomb. La lucidité nous revient, elle remonte comme une lame de fond : évidente, massive. Alors on rit. On rit de ce n'importe quoi qui arrive. On se dit que c'est dingue, dingue comme chaque chose peut prendre des proportions gigantesques, effrayantes. On rit, on se trouve bête, assis sur le carrelage devant des miettes de guêpes. On se raisonne : des guêpes, après tout, c'est la saison, non? Sans doute ont-elles fait leur nid dans la treille sur la terrasse, ou sous une tuile ou, peu importe, quelque part dans les environs. On rit : mais qu'a-t-on cru? Qu'elles allaient nous dévorer? C'est absurde tout ça, complètement. Oui, il faut vraiment qu'on prenne du repos. Dehors chevalo RI, chevalo KA, chevalo NEU, dehors les trois chevaux ricanent, ça les amuse beaucoup : ricaner. On prend la balayette sous l'évier. D'un geste bref, nerveux, on ramasse les guêpes, on ramasse son cri, on jette le tout : poubelle. On se dit que la pièce est trop sombre, que cela joue sur le moral. On ouvre un peu mieux les stores. La lumière fait du bien paraît-il. On essaie de se souvenir des molécules ou vitamines dont elle fait la synthèse. On ne s'en souvient plus. On ne sait pas non plus qui nous a dit cela, ni où, ni quand. Peu importe. On se dit que, quoi qu'il en soit, ce serait bien de faire un tour dans le jardin, arracher les mauvaises herbes, arroser les fleurs, voir les semis, où en sont les pousses. Oui, se remuer un peu, profiter de la nature. On va faire ça pour se détendre. Le corps aura une bonne fatigue, une qui ressource, qui vient de la vie. On se dirige vers la porte, mais : un os. Ah oui, c'est vrai, on avait oublié. Les clefs. On les a jetées, les clefs. La maison est fermée. On a beau le savoir, que la porte est close, on tente cependant de voir si par hasard… On appuie sur la poignée, rien ne se passe : logique. On est enfermé, rien de plus : à l'intérieur, rien de moins. On s'entend commenter la situation, dire que de toute façon on en est toujours là, c'est le propre de l'homme, etc., et puis cela nous fait sourire. On pense à une psychanalyse, à un mauvais film série B, on se dirige vers le bureau afin d'aller chercher le double. Le double, facile. La pensée des deux cœurs nous effleure. On se dit que, peut-être, les choses vont toujours par deux, qu'il y a toujours un double. Là, on sourit encore, on ne sait pas pour quelle raison, et cela nous augmente d'autant mieux le sourire. On ne cherche pas à comprendre, on cherche : le double des clefs. Elles doivent être dans le tiroir des paperasses. Non. Rien. Seulement des papiers. On cherche alors sous les papiers. Non encore, rien encore. Seulement les sous-papiers. On se dit pour s'encourager et pour faire face à l'irritation qui augmente, on se dit *ter repetita non placent*. On le murmure tout bas en s'interrogeant simultanément sur l'exactitude, ou non, de la phrase. Après tout, ce n'est pas très important, on n'est plus à l'école, on peut dire ce qu'on veut et de toute façon, on le sait bien, nous, ce que l'on voulait dire : qu'on va finir par la trouver cette boîte tout de même, on va bien lui mettre la main dessus, ça ne disparaît pas comme ça, les choses. On continue, on vide le bureau jusqu'à épuisement, on ne trouve pas, toujours pas, on s'énerve, on dit que ce mobilier moderne, on va en faire un feu de joie. La colère nous grimpe, on devient rouge, et puis on file droit vers l'armoire, celle des archives, on ouvre les casiers un par un, ça devient frénétique comme recherche, on fiche les documents à terre, on éparpille tout sur le sol : on transpire.

Les chevalos dehors, immobiles, contemplent le crâne d'un singe qu'ils viennent de lancer tout droit : dans un jeu de quilles. On se jette sur la bibliothèque, celle-là aussi on la démonte, on balance les livres, on se dit que peut-être les clefs sont dans le fourre-tout. La grande malle sous la fenêtre, on la vide et nous avec : crise de nerfs : violente. Dehors dans le jardin, les trois chevaux explosent de rire, les quilles, à visage humain, explosent aussi : sans rire. À quatre pattes sur le sol, les artères battant jusqu'au bout de la langue, on s'acharne à chercher encore. La tête tremblante comme une brebis malade, on parle seul dans le désordre, on tente de résoudre le mystère des clefs. Dans un double mouvement de conscience on voit bien à quel point la situation est ridicule : on est pitoyable. Pourtant on reste là, à souffler comme un bœuf, à poursuivre cette quête absurde dans une obsession mystique. De manière quasi malsaine, on expulse l'air dans des sons rauques, on est une expression bovine à s'en déformer la figure, on tire la langue vers la moquette, on voudrait qu'elle se remplisse de sang, à force on y croit presque, on se dit qu'elle pèse des tonnes, qu'on en a des tonnes, oui, sur la langue : mais on ne dit pas de quoi. Les genoux et les mains, on voudrait qu'ils s'enfoncent dans le sol, on n'y arrive pas vraiment : on insiste, on creuse avec les mains comme avec des sabots, on tape, on cogne, on rugit, on ne ressemble plus à rien ou plus à grand-chose en tout cas, et peu importe. Oui, après tout peu importe. Voilà ce que l'on dit, voilà où l'on en est : sans aucune fierté, non, aucune, si ce n'est celle qui nous contient dans cette application acharnée, et c'est une folie dont on a parfaitement conscience, le seul jeu finalement qu'on ait pu inventer pour ne pas devenir vraiment fou, terrassé par un spectre : les clefs. Ce fichu trousseau de clefs. À la fin, à la fin c'est la fin. Toujours. On est assis sur la moquette, contrarié mais calme tout de même. On se dit simplement qu'on a dû mettre les clefs dans un endroit inattendu. Pour l'heure cela n'est pas grave, on passera par le garage jusqu'à ce qu'on la retrouve. On se lève, on regarde le désastre, les livres, les feuilles... Il y a de tout partout, c'est la pagaille oui, et cependant on ne peut s'empêcher de penser qu'il y a, dans ce désastre, quelque chose de beau. On va s'asseoir, on regarde. On regarde le sol sur lequel se couche notre vie, pense-t-on, et d'une certaine manière, on sait pertinemment, qu'elle ne nous concerne plus. Que ce ne sont là que des traces qui appartiennent à l'histoire, et puis qu'en tant qu'individu, cela n'a pas grande importance. On reste là, longtemps, à contempler la chose belle : le désastre. On a, entre les cœurs, un clignotement soudain qui nous pince. On ne sait si c'est la douleur : on est fatigué, voilà tout. Vieux et fatigué se dit-on. Les deux cœurs se froissent, dehors les chevalos s'apprêtent : à bondir. À nouveau ce bruit de ruche qui bourdonne dans nos oreilles. Abasourdi, éreinté, on n'y prête pas garde. On reste planté, assis sur la chaise, les yeux comme des caves à moitié effondrées, un regard d'homme : d'animal triste. Devant nous s'étend toute notre vie, elle se résume à ça, se dit-on, et c'est pénible. Ces feuilles-papiers-griffon, ça ne pèse pas lourd, non. À nouveau le rictus de dégoût nous retrousse les babines. Quelle désolation, quel vide. On s'agite, on s'agite, on s'agite toute une vie, une vie tout entière uniquement pour ça. On se dit que vraiment, vraiment c'est à mourir de rire, sauf que de rire, on n'en meurt pas, et que mourir : ne fait pas rire. On examine de plus près le désastre, on le fait sans bouger, sans esquisser l'ombre d'un geste, en respirant à peine. On s'en fait la remarque d'ailleurs. On pense que même les poumons se débronchent, qu'une telle désolation foudroie le corps ou tout au moins lui impose un sous-régime : de moribond. On examine de plus près, on explore : notre vue avale tout, dévore. Un regard goinfre qui ingurgite le chaos, le répercute ensuite dans la chair. Les organes vont imploser pense-t-on. On reste toujours immobile comme si le moindre mouvement allait déclencher la chose : le bigbang cellulaire. On reste là, statique, les yeux absorbant le fouillis, la débâcle, on reste, on laisse aller un va-et-vient externe/interne, qui nous fait du bien, presque, dans ce qu'il articule de néant. On vit sa propre fin de monde, on vit la présence de cette parole : toujours absente. C'est inédit se dit-on. On pense alors à la rivière. Celle qui nous rentre par les yeux, celle qui nous aveugle, nous arrache et nous fait au monde. L'infernale rivière : des images. Raide comme une momie, on ne sait quasi plus rien des fonctions vitales : tout semble passer par la vue. Un regard boursouflé : l'œil noir, le cyclone où tout s'engouffre avec violence. Dehors les chevalos jouent des sabots furieux sur des plaques de marbre qu'ils veulent défoncer pour détrousser : les morts. Et dans le crâne, se multiplient des infinis jusque-là inconnus, tout simplement parce qu'une phrase, mieux tapée que les autres, vient tatouer l'iris d'un gouffre. Oui, on admet la violence, on l'admet très très bien : on n'altère pas : des yeux crevés. Un rictus à nouveau, les narines se dilatent, les commissures remontent, dessinent un angle mort sur le coin de nos lèvres. Un rictus d'humain fou, d'homme : d'animal vers la chute. Le rictus de la bête qui se coupe les pattes en pensant : liberté, mais qui devient : un monstre. On arrête soudain son visage. Sans doute un éclair de conscience, un jeu de miroir, peu importe. On est toujours fixé, immobile sur la chaise, arrimé au parterre qui s'éparpille dans les papiers, les livres, les listes et les lettres. On regarde tout ça, toute une vie se répète-t-on, une vie entière qui tiendra dans une urne. Puis sans qu'on sache quoi, quelque chose dans le corps se rétablit. Va falloir ranger à présent. Peut-être jeter quelques piles qu'on entassait par lassitude. Oui, on va ranger, faire le ménage : ce ne sera pas plus mal pour la suite. La suite, la suite. Ces mots aussi résonnent dans la tête puis se transforment avec mollesse, et c'est le brouhaha qui revient, celui des guêpes dans les tympans. On se dit que décidément, ils doivent faire de sacrés travaux sur la départementale, qu'on devrait aller vérifier si l'on a bien fermé les fenêtres, cela atténuerait le bruit. Mais elles sont fermées, forcément : on sait bien qu'on a tout fermé. On jette un œil à la pendule, il est vingt heures passées. On soupire. Des travaux nocturnes? On n'y croit pas trop. On soupire, on se lève persuadé que, oui, le problème provient, cette fois on en est convaincu, le problème provient de la chaîne hi-fi. On n'aurait jamais dû acheter celle-là, on aurait dû acheter plus simple. Mais forcément, du plus simple : il n'y en avait pas. Tout est compliqué depuis l'invention de la fiche technique. On dit cela, on sourit, on sait bien que c'est une phrase morte, qui n'invente rien, et nous éloigne de la pensée. On hausse les épaules : cela suffit pour que la machine corporelle se déclenche. On se redresse, les muscles des jambes se tendent, on prend appui sur le pied droit, on se lève, se dirige en maugréant vers le salon afin d'aller voir le poste et la fiche : à la baille. Salon et silence de plomb. On se demande, mi-figue mi-raisin, s'il s'agit d'un symptôme annonçant le début ou la fin d'une guerre. On se trouve presque malin d'avoir réfléchi de la sorte. On se dit que les actualités ne nous échappent pas. Soit, mais pour l'heure, c'est le silence, tout ce silence qui nous échappe. On rectifie : qui nous efface. Cela ferait du bien, on reprend : cela pourrait, éventuellement, faire du bien : si on l'avait choisi. Quoi? Le silence, ou l'effacement. Alors, une fois de plus, un retour sur le corps, on ne peut s'empêcher de songer, qu'avec la vieillerie, l'audition, c'est évident, s'effiloche. Le reste aussi bien sûr, mais on refuse de s'y attarder. Le médecin oui, il faudrait vraiment qu'on l'appelle. Un rendez-vous de routine, un check-up comme on dit. On reste dubitatif, quelques secondes, peut-être cinq, on se demande s'il ne faudrait pas faire une liste des petites choses comme ça, que l'on veut faire mais que l'on fait toujours sur le tard : le trop tard. Bah, pour le coup, on se le jure, demain, promis à la première heure, demain : on appelle le toubib. À présent c'est au poste qu'on veut tordre le cou. On se dirige vers le buffet afin de le débrancher : on s'arrête net. Le bourdonnement a repris, intolérable. On a l'oreille interne en feu. Sous le choc, on se met à hurler : s'entendre hurler nous rassure. On se dit que ça va, tout va bien, les sons ne proviennent pas du corps. On se calme à nouveau, on sait : il faut agir vite, localiser le bruit, faire en sorte qu'il cesse. C'est infernal. Un bourdonnement aigu, effilé, tranchant. On respire corps à vif, cerveau blanc, dans une concentration totale : celle de la survie. Le bureau. On court jusqu'au bureau. On court à perdre haleine, l'espace entier nous semble déformé, on court on court, avec la sensation d'avoir couru cent mètres : non, il n'y en a que cinq. On court, on fracasse la porte, on la traverse ou rien du tout : dans le bureau : rien du tout justement. Pas un bruit, pas un son. Dehors dans le jardin, les trois chevaux installent un jeu de massacre, et bavent bavent bavent.

Dans le bureau, rien du tout, ou tout au moins, on ne s'en aperçoit pas de suite. Chevalo Un bave de l'eau, chevalo Deux ses dents brisées, chevalo Trois : la tête d'un ange. On ne s'en aperçoit pas sur-le-champ, non. On ne voit rien : des évidences, et seuls les deux oursins plantés à la place des cœurs nous y ramènent. Dans le torse, sous la peau, les choses nous arrivent avec plus de lumière, leur intelligibilité est palpable. Mais tout cela déboule dans une telle fulgurance… L'acuité du présent, par manque d'habitude, nous déchire les sens. Pour autant on sent bien que quelque chose cloche, que ça devrait crever les yeux. L'immédiateté de l'instant, l'inflammation qu'elle entraîne, nous empêche : les repères. Le présent est là, éventrant l'espace-temps. On ne peut guère plus définir de logique entre ce qui était, ce qui est, ou ce qui devrait être. On reste debout sur le pas de la porte, la main tétanisée sur la poignée, les oursins en balance. On les sent remuer. On ferme les yeux, on sait que là, face au présent, il faut réduire au maximum les sensations, recouvrer un peu la mémoire, et, avec elle, l'esprit lucide. On ferme les yeux, on marmonne quelques sons afin que le silence écrasant de la pièce ne nous bouche plus les oreilles, on respire – à peine – de crainte d'un faux mouvement et que les oursins ne volent en éclats. On respire, dans une lenteur et une régularité qui nous obligent au calcul, au décompte des secondes, à l'addition du temps. On se dit, l'arithmétique aussi est un chemin vers l'unité. On se dit cela et, à la fin de la phrase, on relâche les tensions, on est soulagé. On sait que le cap est passé, qu'il est possible d'avoir un regard sur l'espace, que les aiguilles sur les cœurs se sont rétractées. Juste un relâchement oui, mais tout de même de quoi souffler. D'un geste machinal on pose la main sur la poitrine, cela nous plonge dans le calme. On se cale sur la sensation des battements, on est presque certain d'avoir passé la main sous les os qui nous brochettent le thorax. Certain aussi d'avoir deux cœurs et qu'ils ont des milliers, des milliards de tentacules qui, avec volupté, embrassent le bout de nos doigts, se glissent dans les sillons maigres de nos lignes en creux. Cela nous fait du bien, nous offre la sérénité indispensable pour savoir que, voilà, on est prêt, c'est-à-dire on accepte d'être : désarmé. Quelle que soit l'issue, on sait que la confiance est remise : sur la table. On peut ouvrir les yeux. Sur la pelouse, les trois chevaux s'amusent à la roulette russe. On ouvre les yeux, ce qu'on voit, c'est la balle qui éblouit notre cervelle. De part et d'autre, on est fendu. Peu importe, on tient bon, on vient de s'en assurer, la main sur les cœurs, on se l'est dit qu'on ferait face alors. Alors dans le jardin; Pistolet, Barillet, Gâchette : les trois chevaux rusent à la russe : la Mort, le Croque et Corbillard. On ouvre les yeux, on regarde les choses tout en prenant bien soin des mouvements intérieurs : surtout qu'ils ne nous débordent pas, pas là, quand bien même, on en est persuadé, toute tentative sera vaine. Dans un réflexe de sauvegarde du système nerveux, on va s'installer au bureau, on prend une feuille vierge, on taille le crayon gris, on note froidement et scrupuleusement les choses. Écrire nous paraît le seul moyen de s'extraire, être hors de danger : peut-être. On pense cela quelques instants, puis une fois de plus, on réajuste sa pensée, on rajoute le morceau manquant : écrire est le seul moyen d'être aussi : un danger. On soupire, on prend la tâche très au sérieux, on le serait pour moins, s'assure-t-on en inclinant la tête paré à examiner l'espace. Quelques minutes passent, et soudain, sans que l'on sache comment, du regard à la main, les langages s'affinent : efficaces et justes. On écrit : *sur la moquette, plus rien. Tous les papiers jetés à terre tout à l'heure sont à présent collés aux murs. Parfois, les lettres semblent remuer. Peut-être un effet d'optique. La pièce a rétréci; l'acoustique, de part la réduction du volume, s'est modifiée. Les factures, les informations concernant l'intendance quotidienne ou les choses administratives, se localisent aisément en dessous de la fenêtre nord de la pièce. Pour ce qui est du courrier, le mur sud dans sa totalité, est recouvert de plusieurs épaisseurs. La fenêtre est obstruée par des couches successives de vieux journaux, nul ne saurait la deviner. Plus un seul pan de lumière de ce côté-là. À noter une fois encore que les lettres paraissent altérées. Impossible pour le moment de savoir pour quelle raison. Il semble que le papier gonfle, se boursoufle. Encore une fois peut-être une hallucination, un dérapage vers les angoisses. Autre remarque d'importance : certains indices laissent penser que l'encollage n'a pas été fait au hasard. Il est organisé selon le calendrier. Pour la correspondance, les plus précieuses sont bien en vue. Les autres sont en dessous. Pas d'explication là encore, mais la terrible certitude d'une menace. Le silence est devenu assourdissant. Au plafond, les livres, des pages et des pages de livres. Des noms d'auteurs, des titres, des textes, défient les lois de la pesanteur. La certitude : exacerbe. Plus rien dans les tiroirs ni dans les casiers en fer-blanc. Pour ce qui est de la bibliothèque : du bois mort. Quant au courrier, c'est infernal, tout est en vue, trop à nu : c'est indécent. De quoi détourner le regard. Avec le danger imminent, rester en alerte. La légère pression auditive est maintenant constante. Le son fait penser à des pétales de roses, mortes, séchées, froissées. Les écritures sont de plus en plus illisibles. Quelque chose dysfonctionne, les lettres gesticulent, semblent s'orienter dans un sens puis dans l'autre. Remarque : à ce stade-là, il ne s'agit ni d'un défaut de la vision, ni de troubles auditifs. Il se trame quelque chose. Impossible de savoir quoi, donc : d'organiser la riposte.* Quelques extrasystoles déboulonnent les deux cœurs. Gérer simultanément ces paramètres n'est parfaitement pas : évident. Les yeux se ferment un instant, juste un instant seulement, afin de permettre aux organes de retrouver le fluide onctueux et apaisant d'une respiration sereine. Lorsqu'ils s'ouvrent à nouveau, on cesse net : d'écrire. On prend toute la mesure de ce qu'il se passe là, on la prend comme un pied dans la gueule. Le crincrin infernal des roses fait cactus. C'est un crincrin impitoyable, des crissements d'insectes. Sur les murs, les écritures poussent de légers gémissements. On se lève, on court des unes aux autres. À présent c'est certain, on le sait, on n'imagine pas, on n'invente rien, c'est le réel tout ça : les lettres : se défigurent. Elles se transforment en guêpes et tombent raides mortes : moquette. Soit, les choses sont limpides. On ne voulait plus s'entendre en parler, on ne voulait pas que ce soit cela, mais tant pis, c'est ainsi. Bien. On verra plus tard, on verra plus tard comment faire pour… l'autre. Là, il y a urgence. On ne peut pas admettre que tout soit si bien calculé, qu'il n'y ait pas de réponse possible, autrement dit qu'on ne puisse rien : sauver. O.K., on voit le piège, il est terrible oui : impeccable, glacé. Toutes les feuilles visibles, correspondance ou livres, toutes les feuilles visibles seront les premières guêpes mortes. Déjà la moquette en croustille, déjà : les textes s'encrèvent. Un hoquet convulsif puis… puis on se jette sur les murs, on arrache les écrits que l'on souhaite sauver. On pousse le bureau au centre de la pièce, on veut sauver, sauver des livres, des paroles, de la sueur, du corps, du vivant. Oui, on se dit cela, qu'on veut sauver tous nos vivants. On se jette dans les restes de la bibliothèque, on sauve Liliane Giraudon, on sauve Julien Blaine, Jean-Jacques Vitton, Maxime Pascal, on sauve *Iench*, *Bâton*, et *Gaine*, on sauve Claude Chambard, Jaqueline Cahen, on sauve des textes d'enfants, *Comme un fracas*, Hervé Brunaux, puis *Je*, *Cheval*, *Bibi*, *Zama* et *Patchinko*. On remonte sur le bureau on se jette furieux vers le ciel, on arrache au vol : des morceaux de Benoît Casas, de Yohan Thomerel, de *Grand-mère Quéquette*, Henry Deluy et Sandra Moussempès. On reprend son souffle, on s'élance à nouveau on met à l'abri : Sonia Chiambretto, Pierre Soletti, Albane Gelée, Louise Desbrusses, Christian Prigent, Éric Clémens. En vrac, on décroche des phrases de : Dorothée Volut, de : Ludovic Degroote, de : Georges Guillain, Caroline Sagot Duvauroux, enfin de : Charles Pennequin et Antoine Boute. Un nouveau bond encore, on décolle auprès de Sébastien Lespinasse, Didier Bourda, Ariane Dreyfus. Allez, on recommence, cette fois on s'élance vers Serge Pey, Antoine Simon, Claudie Lenzie, Antoine Emaz,

Michaël Gluck, et allez! Allez! Nadine Agostini! Et allez! Encore un bond, et cette fois avec : Hélène Sanguinetti, Pascal Poyet, Jean-Pascal Dubost, Patrick Dubost, David Dumortier et Frédéric Dumond. On n'a plus de bras, on n'a plus de jambes mais on trouve la force de bondir à nouveau, on veut sauver Bernard Noël, et puis Bernard Noël encore! Puis encore un effort pour Dominique Fourcade, pour Christophe Fiat, Sylvie Durbec, Anne-James Chaton, pour Marie Étienne, Claire Cuenot, Chiara Mulas, Cécile Richard et tous les autres : tous! Ceux qu'on a lus, pas lus encore, ceux qu'on n'ose pas lire, ceux qu'on a lus trois fois, ceux qu'on n'aime pas lire, ceux qu'on ne lira pas, ceux qu'on lira sans cesse de travers : mais tous! Tous! Ils sont tellement vivants, nom d'un chien : ils sont tellement vivants... Et on a besoin de ça, nous, de leur présence au monde ! Alors, des bonds encore, des bonds et puis des noms : du vivant, du vivant ! On se cramponne au désespoir, on s'y cramponne les mains brûlées par les morsures de guêpes mais impossible de faire sans. On veut sauver : Marguerite Duras, si bien vivante encore, qu'on a vue en photo, sur un pont, souriante, et qu'on n'a pas osé parler à la photo, pas même lui sourire. On sauve Emmanuelle Pagano, on la sauve dans un grand rire, on sauve Joël Bastard, Jérôme Bertin, Sylvain Courtoux, on sauve Stéphanie Ferrat et enfin Paul : Verlaine et puis et puis, et puis : trop tard, on ne sauve plus rien. On est trop vieux, beaucoup trop vieux, on ne pas peut faire deux fois les bonds que là, on vient de faire. On se retrouve sur la moquette, on examine les guêpes mortes : l'alphabet du massacre, l'alphabet : mutilé. À nouveau cette envie de pleurer qui vient, une fois encore beaucoup trop tard, pour que cela soit possible. Le corps n'est pas facile à être, se dit-on. On se dit cela, et c'est sans doute ce qu'il fallait pour que s'effrite l'os qui nous barrait la gorge. On déglutit enfin et, ce que l'on ravale, c'est un cri : le silence qui explose. Trop de pression. Tous les bouts de papier, toutes les feuilles et les livres qu'on a pu préserver, préserver du désastre, on les prend dans les mains, on les tient embrassés, puis on s'allonge autour, puis on ferme les yeux, puis on se laisse aller au-delà de l'oubli vers ce qui coule en nous : notre blessure, belle. C'est dans la gorge qu'elle coule, dans le remuement d'une voix, inconnue et sublime, dont on ne se remet pas. Ce sont des ailes de papillon pense-t-on, on a dans le larynx deux ailes de papillon, deux ailes noires. Oui, on voit à l'intérieur comment la vie gémit, et c'est tellement maigre. Ce sont de pauvres lettres, de pauvres gestes : un appel. C'est maladroit tout ça, ces mouvements d'insectes. Un peu de poudre vient au bord des lèvres, les colore. On y passe lentement la langue, un léger goût de sel nous avale. On laisse le corps s'en aller, serein, on reste blotti, dans les livres, on : repose. Les heures passent ou les minutes. Dehors dans le jardin, les trois chevaux ont mis des masques : des masques blancs, longs, et funèbres ; leurs yeux font des trous noirs : à la nuit. Plus tard, on se réveille, ou peut-être, on croit : se réveiller. Nos yeux prennent contact avec l'obscurité, on se dit qu'on a tort de mettre le regard toujours en première ligne. On voudrait alors esquisser un geste, la caresser, la nuit, mais... Mais les mains restent auprès des livres, les mains ne peuvent s'en séparer. Alors on tire la langue, on la fait tourner dans l'espace afin de la goûter, de toucher sa peau. Avec le manque d'expérience, on met du temps pour la rencontre. Toujours trop de questions, de doutes sur le bon geste. On oublie trop souvent qu'il n'y a rien à comprendre. Calculer l'itinéraire est déjà : un détour. On s'enfonce dans un vide, on n'espère plus rien, on reste là, planté, un peu de bave aux commissures, la langue tirée, immobile, qui ne sait plus très bien, n'ose plus tourner, s'oublie et puis… Et puis finalement, les bons gestes nous viennent : et le don, et l'accueil. La nuit aussi, la nuit s'apprivoise, réalise-t-on soudain lorsqu'elle nous lèche le visage. On l'embrasse pour cela, pour sa langue salée. Et, parce qu'on est si nu près d'elle, et elle si tellement là, on désire qu'elle nous emporte. Elle le fera se dit-on, il y a d'autres mots sous ceux que l'on prononce. Le décalage tombe comme une pierre. Il tinte brisant : le sommeil. On reste étendu sur le sol, on ouvre grand les yeux, lucide, vers la définition des limites. On se lève, on va chercher dans un placard une valise. Celle à roulettes, celle que l'on peut verrouiller, celle à la coque épaisse. La solide. On s'agenouille ensuite auprès des feuilles, du tas de livres, on examine calmement tous les documents un par un, on organise des piles que, progressivement, avec soin, on range dans la valise. Lorsque tout est en place, on observe une fois encore la pièce, on espère trouver un dernier texte, un mot, une lettre, une... virgule. On serait si heureux déjà, pour une virgule, mais... Rien ne ponctue l'espace, pas même les meubles. On s'apprête à fermer les verrous : l'œil impose à la main de cesser net son geste.

Coincée entre les gonds de la porte, une languette de papier attire notre attention. C'est le rebord d'une couverture, tout au moins l'épaisseur du papier nous fait penser cela. Au fond, aucune certitude. Du reste pas un indice sur le titre du texte, la maison d'édition ou la main qui pensait. Qu'importe, qu'importe on garde le papier, on se dit que cela suffira pour conserver l'écrit dont il était l'espace. Cette fois c'est la bonne, on ferme les verrous, un tour de clef : définitif, ensuite on vérifie qu'on les a bien fermés. On condamne la pièce, il est clair qu'elle est : soit maudite, soit : maudite. Cette pensée nous creuse. On a la sensation d'avoir un précipice entre les clavicules. Dans la gorge, on veut maintenir le silence, et mettre un papillon sur un autre papillon et sur un autre encore. Étaler des kilomètres d'ailes, et rejoindre la nuit. On soupèse la valise : écrire. Qu'un geste si léger puisse devenir si lourd à porter... On hausse les épaules, c'est totalement inapproprié comme remarque étant donné la situation. On soupire, peu importe ; décidément pour le non-sens, il est souverainement : impeccable. D'une absurdité sans bavure. Dehors les chevalos jouent aux fléchettes : visent les yeux. On serre la poignée de la valise, on la serre à en avoir la main bleue. On sait dedans, ceux qui sont là, tout proches. On sait leur voix, on les connaît ou peu importe, elles ont su prendre place dans une invention mieux qu'une autre. C'est du concret tout ça. On murmure la phrase tout bas, on se dirige vers le salon. Puis du salon à la cuisine, valise en main, et sur roulettes. Là : poubelle, on récupère le poste, on le branche à nouveau. À présent on sait bien que pour la dysfonction : non non, ce n'est pas lui. Il devrait marcher. Alors pour vérifier on met la radio, on saisit quelques mots au vol : il y a des psychanalystes. Des psychanalystes ? On éteint aussitôt ! Surtout qu'il n'y ait plus rien, excepté le silence. On quitte la cuisine, on s'en va dans la salle de bains et ça fait un peu mal le reflet si vieux dans la glace. On sait bien le visage, tout ce qu'il a perdu avec les écritures. On regarde une fois de plus la valise, cette fois on la tire jusqu'au fauteuil en cuir, ou c'est elle qui nous traîne et nous sert la vodka, on ne sait plus. Juste : on est certain, qu'elle nous fait du bien, qu'il ne faut pas s'en séparer. Repos. Une fois encore repos. Il va falloir penser, calculer les écarts, les bons gestes : ceux qui sauvent. Cela nous semble trop difficile. On est abattu, accablé. On cherche la position idéale pour tenir la vodka sans lâcher la valise, on se tortille, le cuir craque.

Le cuir. On n'aime vraiment pas ce mot. On pense aux livres, aux reliures, aux coutures, aux gestes qu'il a fallu faire pour qu'ils puissent être lus. On dit, c'est plus fort que nous, on dit qu'on leur a cuit le cuir, aux livres. On leur a cuit le cuir : le rapprochement des sons nous paraît si facile qu'un rictus de mépris refait la surface de nos lèvres. Avec dégoût on pense encore que le cuir : on lui fait la peau. Toujours. On a envie de vomir, on a autre chose à faire. Mais l'horreur se prolonge dans une suite d'images abjectes. Haut-le-cœur convulsif lorsqu'on se dit que l'autre justifiera le pire en certifiant que l'homme est la plus belle nature : morte. On n'a que cela à dire? On ne se répond pas, on s'ignore. Décidément, la situation est parfaite : même la bouche disparaît. Dehors, les chevalos prennent des bistouris, énucléent un jeune chien, que les éclairs des lames : fascinent. À nouveau on soupire de ne pas savoir maîtriser les aléas de la pensée. Puis on fixe la valise. La main bleue nous ramène à celle qui fait : vodka. On boit. Deux gorgées. On les boit vite. Étonné on se dit que c'est toujours pareil, on fait toujours cela : deux premières gorgées, vite. Sans doute des années qu'on sirote l'alcool de cette manière-là, peut-être fait-on ça depuis l'adolescence ? La bouche nous revient, dans l'ombre d'un sourire : on s'étonne. On s'étonne qu'un geste puisse étonner encore, sachant très bien d'ailleurs qu'il n'a rien : d'étonnant. Il n'empêche, on n'imaginait pas qu'à notre âge, le corps puisse toujours nous surprendre. On espère que cela va durer, on sait parfaitement que pour ce qui va suivre il va falloir trouver des ressources infinies. On ne les soupçonne pas, pense-t-on. Et puis comme à l'accoutumée, on cible mieux la phrase : on ne se soupçonne pas. L'ombre volatilise, le sourire : apparaît. On pose le verre d'alcool sur la table, puis on farfouille dans ses poches afin de trouver le papier que l'on a écrit tout à l'heure. On relit lentement l'inventaire du désastre : les feuilles collées aux murs ; les lettres, qui lentement, se défigurent ; les guêpes mortes ; les textes : ceux qu'on a pu sauver. À l'intérieur, entre les cœurs, la peau se tend. On reste calme, on sait mieux comment faire pour préserver le silence, atténuer les chocs et qu'aucun cri n'y fasse écho. Une gorgée encore de vodka : on est prêt. On pose le papier, on prend un stylo, on s'arc-boute vers la feuille aussi bien que vers la pensée. On n'aime pas ce lieu où elle nous fait douter. Accepter ce lieu-là nous angoisse : nous dévore d'angoisse. Cependant on écrit, afin de réduire le phénomène qui tient en quelques lettres, on écrit : *L'AUTRE*. Voilà, on y est. On se demande ce qu'il a fait : la réponse est évidente. On sait. On sait l'autre. On sait qu'il a dû se glisser à l'intérieur et déposer le miel de guêpes. On sait qu'il a brûlé les cahiers, saccagé la bibliothèque, fait disparaître tous les écrits. Machinalement on écoute les cœurs, on pense à l'ultime cahier, le rescapé. On se dit qu'il n'est pas rempli, mais… mais il y a la valise. Pleine de textes et à roulettes. Bien. On essaie de comprendre ce que cela peut signifier. L'autre veut aller jusqu'où ? La réponse nous paraît claire : l'autre veut nous manger, il veut nous bouffer l'autre, la tête, la mémoire, nous vider l'organisme afin d'y prendre place. À la ligne, un tiret, on écrit sans trembler ce que l'on vient de mettre à jour : *l'autre nous brûle la tête*. On reste penché sur la phrase, on la regarde sans peur. On le savait depuis longtemps se dit-on, peut-être l'avons-nous toujours su mais sans jamais oser le dire. Peu importe, on poursuit. On veut comprendre sa logique, à l'autre, pour découvrir sa stratégie. Peine perdue, pense-t-on, puis on ajoute : puisqu'il triche. Ça aussi, ne pas l'oublier. Alors, sur le bout de papier, on fait un autre alinéa, puis on inscrit : *l'autre ne joue pas : il triche.* D'accord, on est bien d'accord, il faut garder la tête froide, revenir sur l'analyse de ses pratiques. Comment a-t-il pu s'introduire dans la maison ? Les guêpes ? La défiguration ? Les questions nous reviennent par vagues successives. Stop. Il faut arrêter, on ne parviendra pas à grand-chose avec ces questions-là. Ce n'est pas une réponse non, mais une certitude. Il faut revenir à la base. On ne supportait pas que l'autre puisse lire les cahiers : on a tout brûlé. Non. Quelque chose ne va pas : cette phrase ne fonctionne pas. On cabre la cervelle pour voir avec recul comment s'écoule la pensée et mieux plonger dedans. On reste suspendu, sur la zone du langage, essayant de comprendre ce qui fausse la visée. La phrase sonne faux, tout simplement parce qu'on affirme. Si on loupe les doutes, on ira nulle part. C'est tout. Bien, on reprend tous les mots de façon à construire une interrogative : était-ce si insupportable que l'autre lise nos cahiers ? La réponse nous vient, d'un seul coup, comme une flèche. Non. L'autre peut lire ce qu'il veut, et le lire en entier. On se moquait éperdument qu'il lise, l'autre, ou non, les cahiers. N'importe qui aurait pu les lire. Ils n'étaient là que pour déplacer la mémoire, faire en sorte que l'oubli nous transforme ou encore, pour transformer l'oubli. Bien sûr que l'on s'en moque de ce qu'il aurait pu lire, l'autre. Alors ? Alors on est perdu, on ne sait plus quoi dire, simplement l'autre : on le déteste. On regarde la main, les roulettes, on pense qu'il va falloir écrire ces choses, et c'est peine de dire que ça fait mal d'en être là. De savoir qu'à notre âge, le seul bilan à faire s'oppose à notre vie entière. On caresse la valise comme la tête d'un chat, et puis, alinéa, et le stylo griffonne : *l'autre est impitoyable.* On raye. On ne veut pas lire des choses pareilles. On refuse l'évidence. Mais ce n'est pas un jeu, c'est de la vie tout ça. Il faut bien regarder alors, lorsqu'on y touche à la vie, il faut bien accepter de regarder les choses en face. On soupire, puis à côté de la rature on écrit à nouveau : *l'autre.* On attend une seconde, on trace une virgule… On hésite. On inspire profondément afin de gagner du temps, on dit que l'on va ajuster, on écrit : *l'autre, une évidence.* On se relit et la phrase nous plaît dans l'aller retour permanent qu'elle offre entre assurance et incertitude. De nouvelles questions font jour, le tout s'enchaîne comme un raisonnement mathématique. Si l'autre a pu nous rogner le crâne au point de nous pousser à brûler les cahiers, comment est-il possible que là encore, on se dresse, on résiste? Soudain, et c'est la bonne réponse, soudain les deux cœurs clignotent. Un courant électrique les prolonge jusqu'au bout de la main. Oui, c'est cela. On a dû échapper à son emprise lorsqu'on a décidé de préserver le dernier cahier. On sourit, on saisit où se trouvent les forces. On sourit puis, on s'en passerait volontiers, mais, c'est plus fort que nous : un nouveau doute nous assaille. Et si ce cahier-là était empoisonné? Dehors les trois chevaux, avec les yeux du chien, jouent au ping-pong : et puis aux billes. On se dit qu'il est temps d'aller prendre une douche, qu'il faut se débarrasser de tout ça. On veut le faire de suite pour se laver des peurs. Se doucher oui, on y verra plus clair ensuite. On finit : et c'est toujours trop vite : on finit la vodka. On se lève, on s'en va avec les roulettes. Il va falloir trouver une solution pour la valise, mais avant tout, un oubli : à réparer. On repart sur ses pas, valise en main, on récupère le papier-note, on le met dans la poche. Ensuite on va dans la cuisine, on prend deux sacs-poubelle, on les imbrique l'un dans l'autre, puis on met la valise dedans. On emporte le tout : la douche. Ne pas lâcher, pas la valise, surtout pas la valise : on ne la lâchera pas. On se répète en boucle pour ne penser à rien. Lentement on enlève : chaussures, sweat, chaussettes. Ensuite, c'est plus compliqué. C'est dans la tête que c'est plus compliqué. On a beau maintenir les angoisses, il n'empêche, se mettre nu, là, avec l'autre qui rôde ses bras ballants, ses mains limaceuses, ses oh, comme il est présent, l'autre : et c'est une infection cette absence visqueuse d'une telle assiduité. Se mettre nu ? On hésite. On a peur, mais on l'admet : pour faire face. L'autre aura ce qu'il veut : notre insolence en prime, et avec elle, mourir debout, pense-t-on. Bien. On ne veut pas fléchir et puis, et puis peut-être aussi la solution est là. Enlever le cahier, se nettoyer le corps, peut-être que la délivrance est là ? On enlève le slip : à poil. On s'en va sous la douche : roulettes avec. Dehors, dans le jardin, les trois chevaux penchés sur le chiot sans défense, lui font la peau, le taillent en pièces, mettent ses os dans du vinaigre, et font de ses organes : des chapeaux. On savonne. On se savonne : les pieds les jambes le sexe les fesses et les reins. On savonne sans lâcher la valise. On laisse glisser l'eau, elle fait du bien cette eau, on dirait la nuit, que la nuit revient, et c'est d'une telle douceur. L'eau coule, on laisse faire, on n'a plus rien à perdre, on est déjà : tellement nu. L'eau coule et la blessure, comme c'est chaud, dans l'homme. Ça nous détend. On se savonne encore, le ventre, les épaules, puis c'est l'électrochoc. Un seau d'eau froide dans la poitrine. D'un bond on se jette hors de la douche. On est choqué, on ne trouve plus le souffle, on n'en croit pas ses yeux. Sur la poitrine : de légères boursouflures, des mots griffés, des coutures. Sur la poitrine, le cahier n'est plus là. Le cahier n'est plus là : il n'est plus là. On répète la phrase sans parvenir à la comprendre, à faire le lien entre le sens et la réalité qu'elle désigne. On ne peut pas y croire, le cahier n'est plus là. Sur la poitrine, des petits mots en points de croix. Le cahier, le cahier... Le corps fait de son mieux pour accuser les secousses, mais à la fin, trop de pression, il bat la breloque, le corps. C'est un cri, un simple cri. On jette seulement un cri qui s'écrase. Non, qui nous écrase. Puis le silence, puis : le silence qui s'effondre aussi et nous entraîne dans sa chute. C'est la main bleue, une fois de plus, c'est la main bleue qui nous retient, toujours appliquée à sa tâche, consciente mieux que nous qu'il est indispensable de rester vigilant. On respire calmement, on respire, on sait que c'est par là, toujours, que l'on se récupère. Hagard, on passe la main sur la poitrine, on touche du bout des doigts la peau et les coutures. Une forme de chaleur se distille. On secoue la tête, on se trouve… On ne se trouve pas, non, on est abasourdi, mais soulagé. Soulagé à l'idée que notre peau à repris le cahier. À présent, il est à l'abri de l'autre. On a deux cœurs, et non, ce n'était pas juste une image. Une métaphore. Une allégorie. On a deux cœurs : deux, oh… On s'assied sur la margelle du bac à douche, on pose la tête sur la valise, on se cache le visage, on pleure, on n'ose pas vraiment pleurer, on rit, on pleure, on rit, on se cache le visage, on pleure : deux cœurs ! Deux cœurs dans la poitrine ! On en caresse la peau, et la chaleur augmente entre eux : et la main bleue. On aimerait que tout s'arrête, que l'autre arrive là, qu'il nous coupe la tête et qu'on n'en parle plus. On est si bien auprès des mots qui sauvent. On caresse les cœurs, puis on caresse aussi, et cela nous surprend : on caresse la valise. On imagine : la peau des livres. On passe un long moment ainsi, et puis on se redresse. Quelque chose, une alarme, nous annonce qu'il est temps de se remettre en garde. On se rhabille à la va-vite. Il faut à nouveau réfléchir, prendre les dispositions nécessaires. Bien, on part dans le salon, on fait suivre les roulettes, on valise le tout jusqu'au cuir en fauteuil, puis on sort le papier annoté de la poche du jean. On le relit. On tente de le relire, ce qui revient au même que tenter : l'impossible. Éclair soudain entre les myocardes, on s'agite, on se lève comme devenu fou, on se met torse nu, c'est long et difficile : on ne veut pas lâcher un cri, encore moins… la valise. On gesticule comme un dément pour ne plus rien avoir sur la peau, enfin on jette à terre le sweat et le bout de papier puis : on se relâche. On sait parfaitement que ce n'est pas la peur qui a mené l'attaque.

On farfouille dans le tas, c'est bien ce qu'on pensait : des guêpes. L'autre : n'est pas si loin. Autant l'admettre avec froideur, sa menace. Très bien, à présent on sait comment il signe. On sait qu'il est venu lorsque l'on se douchait, qu'il aurait pu trente-six fois nous écailler la tête, nous éponger le sang mais… Il ne l'a pas fait. Il ne le fera pas. Pas avant de nous dévaler la cervelle, d'avoir détruit : les livres. C'est par les signes qu'il veut nous tordre, effacer nos empreintes, nos traces : la mémoire et l'oubli qui s'inscrivent sous la peau. C'est limpide à présent. Parfait. On répète : parfait, on se demande ce qui peut l'être, on trouve que le mot est totalement inadapté à une situation pareille. On ferme les yeux et se laisse emporter par le sang qui coule, magnétique, du bout des cœurs vers la main bleue. À présent, on perçoit un peu mieux ce qui se passe sous la peau. On ne sait pas le définir, non, cependant il y a dans ce courant quelque chose de plein. Une chose tranquille, bienveillante. Pendant ce temps, dans le jardin, les chevalos furieux, bavent, dégoulinent. Ils cherchent de la chair fraîche. On farfouille sur la table basse, pour trouver un nouveau papier : rien. On se roulette jusqu'au buffet, on ouvre le tiroir, on prend un vieux calepin téléphonique. Cela fera l'affaire. Peu importe le support, pour l'heure, et la sauvegarde, on sait qu'il faut écrire. Noter une fois encore la mémoire comme l'oubli la propose, ne pas céder à l'effacement. Cela à peine pensé on écrit sur-le-champ : *L'autre, un effacement.* Ensuite on retranscrit la photocopie mentale des phrases griffonnées plut tôt. Bien. On met le calepin dans la poche. Réfléchir à présent. Il y a plusieurs problèmes à résoudre. Avant tout aller dans le sous-sol afin de vérifier les entrées, celle de la buanderie et celle du garage. Il doit y avoir une porte ouverte où l'autre a dû se faufiler. Bien, voilà, on y est. On y est : presque. C'est pour bientôt : le face à face. Si l'on s'endort : on est foutu, l'autre nous éventrera, les livres, la peau, les mots… et les roulettes. Il faut tenir jusqu'à demain, on y verra mieux lorsqu'il fera jour. C'est stupide. On rit, on hésite à répéter la phrase, on rit, on secoue la tête, on murmure : on verra le jour lorsqu'on verra mieux, espérant à nouveau se faire rire, mais : loupé. On s'en va rouler avec la valise, on roule jusqu'à la cuisine, on met la cafetière en marche, puis on se déroule à grands pas au sous-sol. On sait, il y a les escaliers à descendre. Ils sont étroits et mal fichus, les dernières marches grincent, sont bancales.

On aurait dû les réparer l'hiver dernier déjà. Bref, trop exigu tout ça. Va falloir porter la valise. On soupire : ça va être coton. Sur le palier, on cherche l'interrupteur. On appuie : pas de lumière. Cela nous étonne à peine, c'était : inévitable. On ne tente même pas une deuxième fois, on sait que l'autre : est passé par là. Un procédé d'une banalité affligeante, pense-t-on. Agacé on lève les yeux au ciel, puis on entame la descente. À la cinquième marche, on s'arrête. Quel est le piège, se demande-t-on ? Une fois en bas, il pourra toujours nous estourbir, nous assommer d'un coup de sabot, nous faire dépouille, prendre la valise, tout brûler. On se crispe, on n'ose plus bouger. On pourrait condamner la porte du palier se dit-on. On réfléchit. On se dit que sans doute, sans doute que c'est cela qu'il désire, l'autre : nous rétrécir l'espace. Le bureau est déjà bouclé, une pièce en moins, et pas la moindre. La liberté se ratatine. On s'assied sur une marche, on réfléchit. On redoute que choisir nous mène à l'impossibilité : de choisir. La valise sur les jambes, le ventre collé contre, une chaleur lénifiante se propage dans le corps. Cela suffit pour que l'on sache, une fois encore, mais en mieux : la peur : n'a jamais rien gagné. Alors malgré les doutes et les craintes on se redresse et on descend. Les livres, ils nous rassurent à chaque marche et, peu à peu, peu à peu on oublie tout ce qui se joue là. On avance vers le noir, vers l'obscurité de la cave, pourtant, c'est bien ailleurs que l'on croit être, c'est beaucoup plus en creux oui, que l'on chemine. On est à l'intérieur, au plus profond de soi. On croit entendre des chants, des paroles, on n'a plus peur non. Puis un craquement. Les dernières marches sont là.

On lève les yeux vers le plafond, et c'est un étonnement qui nous laisse sans voix, de constater que sans aucune lumière, tout nous paraît si clair. On pose la valise, un coup de bec nous perce un cœur. Réflexe : on la reprend dans les bras. On sait pertinemment que pour les situations extrêmes, le corps saisit mieux que la tête. Survivre : ne se raisonne pas. Les textes auprès de nous, on se sent soulagé. On entend à nouveau des voix. On croit entendre des voix. C'est une forme d'hypnose. On ne sait pas le temps qui passe mais, roulettes et fatigue à bout de bras, on s'arrête dans la pièce comme au milieu de nulle part. On repose la valise qui, on le vit ainsi, nous attire près d'elle. On met la joue tout contre, et la main bleue sur son visage. On croit toucher des battements de cœur, ceux-là même que ferait un marcheur solitaire. On pense à

Stefan Zweig, aux *Hauts des Hurlevent*, à *L'homme qui rit*. On entend Marguerite Duras, on entend Paul : dans les oiseaux. On les entend, et c'est si doux. Si doux leur voix. On dirait de l'eau fraîche Et, malgré l'obscurité oppressante, on avance vers eux sans crainte. On entend des voix? Non, on fait la nuance soudain : on croit entendre des voix mais... Mais c'est des salades tout ça : on est seul, au fond de la cave. Parfaitement : seul. Parfaitement le fond de la cave. La nuit s'y brise, cela ne fait aucun bruit : infernal. Sous la peau, les deux cœurs se contractent, deviennent durs, se rétrécissent. Sous la peau, deux cailloux font des étincelles. Ça brûle : un peu, puis beaucoup trop. La conscience nous revient. La conscience? L'autre. On respire : on fait comme l'on peut avec l'instinct du dernier souffle. La gorge se resserre. La joue sur la valise, on entend toujours le même mot, un mot que l'oreille recueille, et qu'on ne sait pas dire. Il dévale les tympans jusqu'aux deux cœurs-cailloux qui cognent à tout rompre. Il fuse interminablement vers eux, et, peu à peu, les apaise. Plus tard on se relève, on avance guidé par une force plus grande que nous. C'est une vague, lourde et sûre, qui nous entraîne. On est persuadé de rejoindre des textes et de suivre les voix. Ce sont les sirènes qui nous appellent. On est persuadé de cela. Lorsque le silence revient, on sait sans une seule hésitation qu'il va falloir agir : vite. Pour le moment, aucun danger. La main bleue nous aurait fait signe. On fonce jusqu'à la porte du garage, on donne deux tours de clef et puis, d'un pas alerte, on va vers la buanderie. Dehors les chevalos se graissent les sabots, veulent sentir la couenne. Buanderie. On place la valise sur la machine à sécher le linge afin de soulager les reins, les bras... la fatigue. On souffle un peu, et tout contre elle, on murmure : merci. On le répète plusieurs fois. On n'aurait jamais pu penser que cela soit possible : tous ces textes, toutes ces voix qui nous sauvent... non, jamais on n'aurait pu imaginer que cela soit possible : jamais. On revient au présent, aux odeurs de sous-sol... de caves. On veut prendre les clefs qui sont fixées au clou. En haut, sur la gauche. Tendre le bras, l'éloigner des roulettes, nous demande un effort que l'on ne parvient pas à fournir. On est épuisé, voilà tout. Sous la peau, une fois encore, les extrémités cardiaques se frottent, créent des champs magnétiques qui nous pincent. Alarme. On ne veut pas s'y attarder de crainte que la panique nous gagne. On se dit que jusqu'à présent, on a beaucoup de chance, et tant mieux si nos élucubrations nous donnent courage. Toutefois, il est urgent de se remettre à penser froidement. Des questions nous taraudent et, pour avancer quelques hypothèses, il va falloir réinjecter de la raison, cesser de jouer à la valise miraculeuse. On souffle fort, on crache l'air des poumons en ébrouant la tête, on met ses forces dans les gestes à faire pour attraper les clefs : verrouiller. Voilà c'est fait. On se cale le long du sèche linge. Éreinté, on ne fait plus attention à rien jusqu'à ce que la main bleue nous étonne. On a l'impression qu'elle agit de manière autonome, hors de notre volonté. Elle semble nous attendre, joue avec les roulettes, les fait tourner comme des toupies. On s'apprête à reprendre la valise, on ne peut finir le geste. Tout bascule. On se retrouve plaqué au mur. Impossible de se dégager. On essaie de comprendre ce qui se passe, peine perdue, on n'y parvient pas. On a seulement conscience d'être coincé par la valise qui se dresse comme un mur devant nous. Du mal à respirer, trop de pression sur le torse, et le visage. Elle appuie de tout son poids, nous maintient en étau, nous aplatit. On tente de se dégager afin de reprendre l'air. Une goulée au moins : nom d'un chien, on étouffe ! Tant bien que mal on parvient à tourner la tête, reprendre une respiration moins accidentée. On tente d'extraire les bras qui sont comme vissés dans le dos. On gesticule, se contorsionne, on parvient à sortir l'épaule gauche. Machinalement on saisit la valise par la poignée pour la poser au sol : rien à faire. Impossible de la décoller de la cage thoracique, et par là même, se soulager du poids qui nous écrase. On se débat encore, on tape sur la coque afin de se libérer, on se fait mal aux mains. C'est tout. Exténué, on arrête. On essaie de respirer calmement, de prendre du recul sur la situation, mais c'est la panique qui grimpe. On a les yeux qui se déglobent, on couine. On fait le rat puisque le piège : se referme. On pense à tout ce que l'on a cru. À la valise enchantée, aux textes censés nous sauver. Conneries ! Conneries ! On hurle d'autant de bêtises. On se mord la langue, la cervelle frissonne. À bout de force, on ne bouge plus. On ne cherche pas même à savoir si on en est toujours capable. Les yeux grands ouverts, immobile, on fixe la nuit : on l'avale. On se dit que, pour l'autre, on se dit chapeau bas, vraiment… Tout se sera déroulé comme il avait prévu, les livres nous empêchent de respirer : cerise ! Les livres : nous tuent. Sensation de vertige, on ne veut plus penser. Vertige, silence. Un silence total sur lequel la nuit glisse. On pense aux voix qui nous accompagnaient tout à l'heure, on se dit tout de même, oui, c'était bon de les entendre. On en écouterait volontiers encore. Ce serait parfait là, pour la douleur. Mais on a beau tendre les oreilles, essayer d'inventer quelque chose : la nuit… reste silencieuse. On se noie. Vertige et puis : déflagration. Dans le garage. Tout vole en éclats. Débris de verre, clous, morceaux de ferraille. Déflagration : et du silence et de la nuit. On tombe. À terre. Et puis quoi ? Quoi ? On ne sait plus. On reprend conscience plus tard. On ouvre les yeux : l'obscurité nous dit que ce n'est pas la fin. On essaie de remettre un peu d'ordre dans la tête, on se dit que cela permettra sans doute de repenser l'espace et orienter… On ne finit pas la phrase, ce n'est pas le moment. On cherche à tâtons la valise, surpris, on s'aperçoit que la main bleue y est cramponnée, toujours. Cela nous fige. On veut retirer le bras, mais quelque chose de plus fort nous en empêche. On a peur à nouveau. On sent que la gorge se noue : ça fait mal, on tente de contrôler le réflexe de déglutition. On est perdu, totalement, on tremble. On tremble entre deux solutions qui nous effraient l'une comme l'autre. Faire confiance au corps et préserver les livres, ou, brûler les roulettes : brûler les chants. La valise, on ne lui fait plus confiance à présent, et cela nous paraît tout aussi ridicule que lorsqu'on s'y fiait. Bien sûr, bien sûr tout ça c'est du vent, des constructions mentales, du bricolage pour se tenir. Au fond, on le sait, on empile néant sur néant… Soit, la décision est prise, on va tout faire cramer. Ensuite on reviendra vers l'autre, on y reviendra nu, c'est-à-dire armé d'une perte qui ne sera définitivement plus : possible. Tout en tirant la valise, on se traîne sous les planches de l'établi. On est certain d'avoir mis un briquet dans la boîte à outils. On fouille en effleurant du bout des doigts chaque chose avant de la saisir à pleine main. On a peur. Peur des guêpes. Sur la pelouse, dehors, les trois chevaux fument des cigares, boivent du pétrole, trinquent à la santé de leur futur : massacre. On trouve enfin une boîte d'allumettes. On revient en rampant au centre de la pièce. On craque l'allumette et les yeux font de même. La sensation d'une croûte qui se craquelle, comme si l'obscurité à force, s'était solidifiée sur le regard. On regarde autour de soi, des éclats, des débris partout. Nuit. On craque encore une allumette. L'explosion a planté des clous partout sur le mur. On souffle. L'allumette s'éteint. Nuit.

On reste quelque temps, hébété, à se dire qu'on aurait bien pu y rester puis, on prend une troisième allumette. On respire soulagé, on se dit que ça va finir cette histoire, qu'on va tout brûler, que c'est bien. On approche le feu de la valise. On arrête son geste : il y a des taches dessus, un liquide s'écoule. On ne reconnaît pas. On se méfie bien trop à présent pour approcher le feu sans s'être assuré de ce que ça peut être. On ne sait jamais. On approche. Du sang? On pose le bout de l'index dessus, on le porte à la bouche. Oui, du sang. À nouveau un rictus : nous vole les lèvres. On est décidément trop bête, se dit-on. On allume une autre allumette, on en prend plusieurs dans la main afin de maintenir une continuité lumineuse. On s'ausculte. Les jambes, tout va bien. Le torse fait un peu mal : logique. Le poids de la valise tout à l'heure; la pression lorsqu'elle nous écrasait contre le mur. Oui, sans doute quelques bleus sous les côtes, mais ça va, ça va, on respire. Les bras ? Le droit va parfaitement bien, celui de la main bleue a pas mal d'écorchures, ou d'échardes sous peau, O.K. : on verra plus tard. On passe d'une allumette à l'autre, on regarde de plus près la valise. Non : non... Et sous la peau, les deux cœurs recommencent leur danse. Terriblement : leur danse terrible, avec leurs pas fébriles, leurs pas qui s'emmêlent. Les deux cœurs recommencent, et vacillent, et trébuchent. Tout s'ouvre, oh... Non, non... On n'en revient pas, on ne peut pas se dire une chose pareille, on n'ose à peine regarder, ça nous fait... ça nous fait trop mal : voir. Ce sont les livres, les livres qui saignent. On perd pied, ça nous effondre. On balbutie des mots, on ne sait pas quoi faire, on voudrait faire un geste, on voudrait dire un mot : on se fracasse contre soi-même. On se penche vers les blessures. On approche les mains, mais elles tremblent trop, on a peur de mal faire, oh… On approche tout près le visage, on souffle sur les plaies, on est impuissant, on… On hoquette, on refuse. On refuse l'évidence qui nous saute au visage. Les livres, les livres se sont sacrifiés. On ne peut pas admettre ça, qu'ils nous offrent leur vie. C'est trop grand, c'est trop beau. On ne peut pas faire face à cette beauté-là : elle est trop douloureuse. On ne veut pas. On prend doucement la valise dans les bras, et bon sang, elle pèse des tonnes à présent, et c'est tellement d'amour, on répète cela, tellement d'amour. On prend la valise dans les bras, à l'abri : des sanglots : nous dévorent. On bégaye des paroles, on bredouille, on bave. On ne voulait pas cela non, on n'aurait jamais laissé faire. On n'a rien vu, on ne pouvait pas voir. Jamais on n'aurait pu croire une chose pareille. On voudrait dire merci, on voudrait dire pardon, on murmure des phrases : lambeaux. Dehors, chevalo Un traîne une jeune femme par les cheveux ; chevalo Deux ramasse des pierres ; chevalo Trois dit : adultère. La suite ? n'étonnera personne. On se cale dans un coin, on berce la valise, on regarde la nuit, on ne sait pas : ce qui déchire. Peu importe, on accueille. On accueille la déchirure, puis on ferme les yeux. On n'a pas le courage de regarder à nouveau la valise. Sur les bras, on sait que le sang perle, que c'est celui des livres. C'est insoutenable comme pensée. Assis et dos au mur, mis à part bercer, que faire. On n'a pas de réponse, pas même : une question. On reste là, à espérer, stupide, que les choses s'inversent.

Qu'ils ne soient pas nos morts, pas notre mort : nos livres. On serre les mâchoires, on s'en veut. On revoit les images : lorsque l'on a voulu se dégager de la pression qu'ils exerçaient sur nous, on a tapé, cogné comme un fou la valise. On pense encore à tous les doutes. On s'en veut de tout ça, d'avoir douté quand ils luttaient, eux. On voudrait effacer, on ne se pardonne pas : on a besoin d'eux pour cela et c'est leur sang qu'ils ont versé. On s'applique à respirer le plus lentement possible, on fait cela pour s'éloigner, éviter leur présence. On ferme toujours les paupières, on s'éloigne de nous doucement, on se quitte. On laisse faire le corps : celui que l'on ignore ; on plonge avec les cœurs vers la mer bleue : les livres. On se penche sur les plaies, on les lèche, on les embrasse. On leur donne nos lèvres, on lèche les blessures, on souffle doucement dessus, on les caresse. Du bout des doigts on les caresse, on tremble, on tremble de trembler. Elle est pleine cette chose qui nous porte vers les livres, et nous unit avec. C'est un long chant, une voix qui monte, une voix ronde et grave, qui vibre par nos lèvres. On fredonne longtemps, on ne pense plus à rien, on caresse la valise, on sait la peau des livres, on sait tout ce qu'ils sauvent et qu'ils savent : souffrir. On pose le front contre eux, ils posent leurs mains sur notre tête, glissent leurs doigts dans nos cheveux, et de leur douleur à la nôtre, ils nous offrent : le réconfort. On fredonne toujours, puis la voix change un peu. Une variation, et alors on récite, mais on ignore que l'on récite, juste on s'en va, on s'en va. On est ailleurs : loin. On est seul mais on sait : tous ceux qui nous maintiennent. On leur sourit, on les écoute, c'est eux à présent qui nous bercent, et c'est bon. On avait besoin de leurs bras, on avait besoin de trouver des forces. On respire profondément pour mettre une fois de plus les choses à plat, on est prêt, se dit-on, à présent : à faire face. On pose les mains sur le sol, on cherche à l'aveuglette la boîte d'allumettes : on veut : voir. On sait que sous la peau, les deux cœurs sont à nouveau solides, et on compte sur eux. On fait des gestes lents afin d'augmenter le surcroît d'énergie que le corps dispense en cas de danger. On fait des gestes lents, on évalue la situation. O.K. On craque l'allumette. Sur la coque des boursouflures, des arrachements. Oui, les livres saignent encore. On s'en doutait, bien sûr. On souffle : l'allumette. On a pu voir ce qu'on voulait : la gravité. On examine les probabilités de survie : les estimations sont mathématiquement quasi nulles. Cela ne nous effraie plus. On se demande juste quoi faire : pour les livres... Avec le poids de la valise on a des fourmis dans les jambes. On la remet sur les roulettes, on pose la main sur sa tête, on lui gratte le front pour la rassurer, la valise, qu'elle sache qu'il ne faut pas s'en faire, qu'on va trouver la solution. Calmement, calmement. On entend des sons sourds, réguliers. On ne sait pas d'où ils proviennent. On pense que l'autre doit se trouver à l'étage et mettre au point un nouveau piège, on pense aux guêpes puis, au calepin. On le prend, ainsi que le stylo qu'on a mis dans la poche. On écrit : *l'autre, un guêpier.* Cela nous fait sourire... mais n'avance pas à grand-chose, se dit-on. Cela n'est pas vraiment juste, on rectifie : après tout, c'est déjà ça de gagné, un sourire. Même si triste, mais si rien. Quoi qu'il en soit, l'obstination des battements étouffés nous l'arrache aussitôt. Soucieux de viser juste, on se demande quelle cible on est. Avec la présence certaine de l'autre à l'étage, on s'interroge sur ce qu'il convient de faire. L'urgence est d'une clarté pour le moins : cruelle. L'urgence ? Soigner la valise. Il faut nettoyer puis panser les plaies, et pas la peine de réfléchir des heures, on sait très bien que la trousse de secours est sous l'évier, dans la salle de bains. À l'étage, donc : avec l'autre. Bien sûr qu'on la connaît, la priorité, cependant, on ne bouge toujours pas. On ne peut déplacer la valise sans aller droit au but, cela serait fatal. On les a bien vus, les dégâts, tout à l'heure, pas la peine de passer des heures à faire une estimation. Oui, les livres saignent encore. On pince les lèvres, on se penche, on tapote les roulettes : ça va aller, ça va aller. Ensuite on allonge la valise sur le dos, on pose sa tête dans notre main pour mettre de la chaleur : là où les mots nous manquent. On reste là, à veiller sur les livres, à surveiller l'espace, les yeux grands ouverts : aux aguets. Le martèlement sourd et grave ralentit sa cadence, on essaie de savoir d'où il provient afin de localiser l'autre au-dessus de nos têtes. Une fois encore : impossible, de savoir où : il se tapit. La vibration est trop profonde, elle se propage, lente et sûre, fait tinter les éclats de verre qui jonchent le sol. Pendant ce temps, dans le jardin, les trois chevaux, avec le sang de leurs victimes, tracent au sol une mappemonde qu'ils dévorent du regard. Avec les manches du sweat-shirt, on éponge les plaies, on tente d'être efficace. On a comme un déclic en visualisant la maison. Oui, c'est une question de territoire. On y voit plus clair soudain. On repense à une phrase qu'on s'est dite tout à l'heure, avant de descendre au sous-sol; quelque chose sur l'autre, sa manière d'avancer : de rabougrir l'espace. Oui, il procède ainsi, l'autre. Alors quoi? Alors on sait mieux maintenant que rester dans la cave c'est foncer dans le mur. Les livres, à petit feu, verseront leurs dernières gouttes : de mémoire. On se lève, on remet le calepin et le stylo en poche, on se penche pour prendre la valise. Elle est devenue si lourde... on ajoute, je suis maintenant si vieux. Peu importe, on ne veut pas les roulettes. Avec le sol défoncé, les livres risquent des chocs : on n'en prend pas le risque. On respire profondément, espérant aspirer un regain de jeunesse. Même pas en rêve! Durant quelques secondes on se dit qu'on pourrait aller tout seul jusqu'à l'étage, se glisser dans la salle de bains et redescendre avec la trousse de secours. On met l'idée de côté. L'autre en sait plus que nous, il a dû nous prévoir : au plus élémentaire. On reste là, debout, la poignée dans les mains à écouter l'air qui, régulièrement, vibre. De solution? Aucune. Et puis, ça vient de la valise, elle semble bouger. On ne la regarde pas, on ferme les yeux : pour la certitude. On se centre sur le vide, on s'écarte de toute rationalité, et de toute projection. Oui, c'est bien ça, la valise donne des petits coups de tête. On ne cherche pas à comprendre, on se penche vers elle, on instaure un dialogue sans même le savoir, en ignorant tout des silences qu'on utilise pour cela; et pourtant, c'est bien du langage qui s'échange tout bas, dans cette obscurité de cave, c'est bien de la lumière, oui, que l'on voit. On laisse faire les roulettes, elles nous ouvrent le chemin, voient mieux les obstacles, les clous, les éclats de verre, les métaux plantés comme des herses. On avance lentement, et le bruit sourd dans l'air est de plus en plus : magnétique. Sous la peau, les deux cœurs se mettent à son rythme. On n'y réfléchit pas vraiment, on est trop attentif à la valise, à ce nouveau langage dans lequel nous nous croyons : renaître. L'escalier. On l'avait presque oublié. Il se dresse, dans l'obscurité, gigantesque. On n'en voit pas la fin, on ne parvient même pas à l'imaginer. On essaie de visualiser le nombre de marches, leur hauteur. Avec la masse noire qui nous obstrue la vue, la vision mentale elle aussi est court-circuitée. On tente alors d'imaginer. Imaginer quelque chose, quand bien même différent, peu importe : juste une image mentale pour fixer une distance que l'on découpera par étapes. On hausse les épaules, on soupire, c'est à hurler : la seule image qui vienne est celle d'un ascenseur.

On regarde la valise, on la voit presque soupirer elle aussi, on est persuadé qu'elle comprend : on trouve cela charmant. On se reprend : c'est autre chose. Les roulettes insistent, dirait-on. On ne sait plus ce qu'il faut penser de la nature : des pensées. Rêves, illusions, réalité ? On a froid. On transpire, on a pourtant si froid. La valise à nouveau se presse contre notre jambe gauche. Une pression dont on ne sait si elle nous est agréable, ou non. On recule d'un pas, la valise nous suit, revient auprès de la jambe gauche. On recule à nouveau. Cette fois les roulettes ne nous quittent pas d'un pas. Avec la main bleue, toujours posée sur la poignée, on veut écarter la valise, rien à faire non : elle ne lâche rien. Elle ne nous lâche pas. On respire, on respire : mais cette fois on a beau faire, la situation est pour le moins si irrationnelle qu'à nouveau des vertiges nous assaillent. Ce n'est pas tant la menace de l'autre non, l'autre est un danger… si tristement logique, murmure-t-on tout bas. Non, ce n'est pas l'autre pour le coup. C'est cette perte totale des repères. Vertiges. Dehors, les chevalos plantent des drapeaux noirs sur le sol, découpent des territoires, se partagent le monde. Chevalo Un, tyran, dit qu'il ira tuer ceux qui vivent en zone verte. Chevalo Deux, despote, qu'il réduira la zone orange en une zone : d'esclavage. Chevalo Trois, dictateur, affirme que la zone rouge sera un réservoir à viandes : humaines. Vertiges. On est dans un flou interlope, suspendu entre deux réalités dont on ne sait plus quoi penser. La raison nous violente, ne peut tolérer une seule aberration de plus. Pour la pensée, ce qui arrive est irrecevable. On a des doutes, on a : si froid. Et la valise, l'inadmissible, se presse à nouveau contre nous. On n'en peut plus, on voudrait s'endormir, que le sommeil nous lave. On s'adosse, on glisse avec lenteur le dos contre le mur, les paupières sur les yeux, la main sur la valise. Électrochoc : moins d'une seconde, on est debout. On accepte le renversement. On fait un bond hors du diktat de la pensée : on brise. On accepte sans broncher : l'inadmissible. Il nous percute de plein fouet, nous plaçant sur le seuil de l'ultime lecture. Sous la peau, les deux cœurs nous clignotent. On se penche vers la valise. À nouveau ce langage fait de silences et de tout ce qui fait défaut qu'elle que soit : la langue. Une fois encore on ne peut expliquer ce que l'on a compris, mais peu importe : on est plus loin que la compréhension. On le sait à présent : comprendre ne suffit pas. Savoir est une butée. On garde les yeux clos, de crainte de perdre ce voir nouveau. On garde les yeux clos, on laisse aller le corps, et la valise avance. Avec elle, le pied gauche. On suit, pas à pas on la suit. On entend grincer les premières marches, on s'arrête, on monte à nouveau quelques marches, les pulsations cardiaques fondues aux vibrations de l'air, aux bruits mats et profonds qui roulent dans l'atmosphère. On lève une jambe, une marche encore, ainsi de suite, et jusqu'en haut. Sur le palier, on n'ouvre toujours pas les yeux, on pense à la symbiose, qu'il faut accepter simplement que les choses ne sont pas telles qu'on les a apprises. On pense à la valise qui nous donne la main, on pense aux blessures sur les livres, on pense à son vieux corps usé, on pense : on pense à l'autre. Nous y voilà. On ouvre les yeux et c'est l'obscurité qui nous fait face. Cela nous étonne. Tout est si évident derrière les paupières. On regarde la nuit, on caresse la tête de la valise, on dit ça va aller, tout va très bien, ça va ça va. Puis on serre les mâchoires : celle du cœur aussi bien, enfin, on ouvre la porte, on saute : dans le vide. On allume les lumières. Rien n'a changé. On rectifie : rien n'a changé : a priori. On se dirige sans hésiter vers la salle de bains, on s'arrête juste quelques secondes dans le salon afin d'écouter les bruits. Juste celui, régulier toujours, de l'air qui vibre. Un peu plus fort, semble-t-il. Soit, on y répondra lorsqu'il aura pris forme claire. On poursuit les roulettes jusqu'au lieu désiré. Sous l'évier, on sort la trousse de secours. On la cale sous le bras, on retourne dans le salon. On pose la valise et la trousse sur la table basse, on regarde le fauteuil cuir et : secousse dans le cœur. On reste immobile. Rien ne paraît suspect, mais il y a eu secousse et… on ne sait que trop bien à présent ce qu'elle signifie. On sort le calepin et le stylo de la poche, on se dit que l'on va établir la liste des choses qui nous entourent, qu'écrivant on synthétisera plus vite, qu'il sera plus aisé, alors, de déceler ce qui ne va pas. On s'apprête à s'asseoir à nouveau dans le cuir, à nouveau : secousse. Pas des moindres. Bien. On jette un œil sur la valise afin de voir si elle tient le coup. La vue des blessures nous tord le ventre, on voudrait la soigner sur-le-champ, on ne peut pas la laisser ainsi, on ne peut pas se dire que les livres agonisent. De la main bleue jusqu'aux deux cœurs, une longue caresse passe. On ne sait pas soutenir cela, que les livres saignent encore. On veut s'asseoir, nettoyer les plaies et donner les bons soins, mais à peine plie-t-on les jambes pour s'installer dans le fauteuil qu'à l'intérieur résonne le cri d'alarme, et en plein cœur : un coup de poing. On esquive, bond de côté, on se redresse. O.K. d'accord, quelque chose ne tourne pas rond. On regarde la valise comme si elle nous parlait. Le danger n'est pas là, pense-t-on, les livres peuvent tenir mais pour combien de temps ? On zappe la question. On essaie de réfléchir aux pièges. Sans doute la gazinière. On remet calepin et stylo dans la poche, on pose à nouveau les roulettes, elles nous valisent vers la cuisine. Aucune odeur de gaz, aucune : anomalie. Bien, reprenons. On a dû faire fausse route. On s'assied sur une chaise, on regarde ses pieds, on regarde par terre : des gouttes de sang sur le sol. On pense aux livres : déchirés. On ne bouge plus de crainte que quelque chose dans le corps ne rompe. Des morceaux de nuit dans la gorge on ravale le caillou qui nous étrangle. On voit ce que le sang dessine de vie perdue, on a froid, on a toujours froid. De la main bleue aux cœurs, une légère pression, un courant de chaleur circule et cela nous apaise. Ne pas perdre le fil non, réfléchir. On prend stylo et calepin, on fait la liste des actions effectuées depuis que la remontée du sous-sol : *ouvrir la porte / se diriger vers salle de bains / traversée du salon / arrêt en plein milieu pour écouter les bruits.* Là, on tire un trait, puis on note les réflexions que l'on s'est faites. On écrit : *il y avait le battement sourd de l'air. On a pensé : il faudra réagir lorsque la menace sera claire.* On lève les yeux vers le plafond, le bruit est toujours là, sourd, profond, régulier. Bien. On se fixe à nouveau sur la première colonne, on relit : *arrêt dans le salon pour écouter les bruits.* Puis on poursuit. *Salle de bains et récupération de la trousse de secours.* On s'arrête tout net. La trousse. On l'a laissée sur la table basse. On se lève d'un bond, on arrache la valise aux roulettes, on court jusqu'au salon en étant persuadé du pire : rien. C'est d'un tel calme. On regarde le fauteuil, le cuir est dégueulasse, se dit-on. On hausse les épaules tout en se demandant pourquoi avoir acheté un cuir en fauteuil : on déteste cela. On prend la trousse sous le bras, on retourne à la cuisine. La valise : on la remet sur ses roulettes, lui jette un coup d'œil inquiet. On voit bien qu'elle résiste mais que cela ne peut durer, qu'il faut trouver la faille. On se penche sur le calepin, on relit la feuille : *salle de bains et récupération de la trousse de secours / retour dans le salon / puis coups au cœur : alarme.* On relit ce qu'on vient d'écrire, décidément : on ne voit pas. On réfléchit encore, dans la seconde colonne on ajoute la dernière pensée qui nous soit venue à l'esprit : *essayer d'imaginer les pièges*. Rictus de chien alors, qui nous fend le visage. Une fois de plus c'est le langage qui a manqué. On s'est trompé de mot, par conséquent, de logique, par conséquent : de cible. Imaginer des pièges ne peut guère nous avancer. C'est à l'autre : qu'il faut penser. On pense à la dernière phrase que l'on a griffonnée, en bas, on tourne les feuilles du calepin : *l'autre : un guêpier*. Soudain tout s'éclaire. On file dans le salon, on reste à distance du fauteuil, on le regarde. Le cuir… le cuir est boursouflé. On a bien une idée à présent, mais tout de même, on hésite un peu, on sait pertinemment que l'on n'a pas droit à l'erreur. L'erreur ? Perdre la seule chose que l'on n'a pas le droit de perdre : le temps. Les livres, on le sent bien, la main bleue est si froide, et les livres : meurent. Alors pour vérifier que l'on ne se trompe pas, on approche lentement la main du fauteuil dont le cuir enfle et craque. À nouveau : cri au cœur, coup d'alarme. Ni une ni deux, on a tout compris, pas la peine de voir la suite. On part s'enfermer dans la chambre. On pose la trousse sur la commode, et, avec soin, la valise sur le lit. Fébrile, on déchire les taies d'oreillers pour boucher la serrure, colmater les interstices. Ensuite on part s'asseoir au bord de la valise, on la prend dans les bras, on la caresse, on lui explique. On lui parle afin qu'elle n'ait pas peur. On lui dit que tout va passer, qu'il va y avoir une explosion dans la pièce à côté, qu'il ne faut pas qu'elle panique. Ce n'est grave, ce n'est rien : juste des milliers, des milliards de guêpes qui vont faire éclater le cuir, éventrer le fauteuil. On regarde la valise, elle est toute trouée. Dehors, les chevalos brisent le monde en trois, s'octroient tous les pouvoirs, balafrent les libertés tout aussi bien que le langage. On a froid, si froid : c'est la valise qui tremble. On ferme les yeux, on respire, une fois encore on entend le battement dans l'air. On ne sait pas pour quelle raison cela nous fait du bien, nous centre vers le mouvement pendulaire des cœurs. On prend la trousse de secours, on sort ce dont on a besoin pour nettoyer les plaies, puis on déchire un emballage, on en sort deux compresses. On débouche l'antiseptique. On parle toujours à la valise, on craint que les roulettes ne s'affolent. On assainit les plaies. Avec la pince à épiler, on extrait les éclats de verre fichés dans la coque, on désinfecte, on souffle sur les blessures : cela n'efface rien. On ouvre un nouveau paquet de compresses, on prend du sparadrap, on fait des pansements. Ensuite ? On ne sait plus quoi faire. On hésite à lui donner un sédatif, un antalgique. On aimerait qu'elle s'endorme, se repose. Mais on sait, dans la trousse : pas un seul consolant. On s'allonge à nouveau auprès d'elle, on lui donne la main, on tire la couverture, on la borde, la valise, puis on s'enroule autour. On pense, on essaie de penser, on ne pense presque plus, on voudrait résister : on s'endort. C'est l'explosion qui nous réveille, celle du fauteuil. On pose la main sur le torse de la valise, on ne s'étonne pas de sentir son cœur battre. On est juste en colère de ne pas avoir compris plus tôt. Le bruit sourd et profond auquel nos cœurs adhèrent provient de là : des livres. Dans la pièce à côté, le crincrin infernal des guêpes recommence. On sait qu'il n'y a aucune solution, on n'échappera pas à son emprise, à l'autre. On voit bien qu'à présent on ne peut plus sortir. On pense à s'évader, passer par la fenêtre. On regarde à travers les stores l'aurore se lever, et l'autre qui nous mate, à travers les yeux morts de trois chevaux minables. L'autre, tordu par le cynisme et cabré par la haine, menant à ses côtés toute une armée : de porcs. On se dit, c'est fichu. On retourne s'asseoir sur le lit, et cette fois, c'est la valise qui nous rassure. Elle nous prend la main. On réfléchit, on pense que tout ça, mourir, cela nous est égal, mais la valise, on ne veut pas qu'elle ait mal, la valise, on ne veut pas qu'elle ait peur. Alors on l'ouvre avec lenteur. On soulève sans un bruit la coque. À l'intérieur, les livres respirent encore malgré les plaies. On prend la trousse de secours, on en sort l'aiguille et le fil, puis on prend les pages une à une, et on se les coud sur le corps. On sait bien qu'à la fin, comme le cahier rescapé, ils passeront sous la peau, ils nous feront du cœur encore. On coud, on coud, on raccommode les livres, on prend leurs blessures dans le corps afin qu'ils puissent être toujours lus. La peau brûle sous l'aiguille, mais à chaque point : on sourit. On voit les feuilles, les écritures, se reformer intactes puis passer sous les pores. On reprise, on aiguille, on suture, on fait tout ce qu'on meurt pour qu'ils puissent survivre. Les guêpes finissent par entrer dans la chambre, on les accueille : presque. On n'a plus rien craindre. On a moins froid, on meurt, on se laisse mourir : tranquillement. Le corps était trop vieux pour supporter tout ça. On réfléchit : l'âge n'importe pas, on le sait, on sait bien, on n'était pas trop vieux, non, c'est beaucoup plus beau, c'est beaucoup plus… triste. On corrige la phrase et, tout simplement… tout simplement, on était trop un homme pour supporter tout ça. On se recroqueville tout contre la valise, on pose la tête sur son épaule et la main sur sa joue, on caresse son front, on meurt, on lui parle tout bas, et par amour : on meurt encore. Et les roulettes viennent chuchoter à nos oreilles. On sourit, c'est si doux. Elles nous parlent tout bas, et tout ce qu'on recueille, on le met au plus haut, on le place : sur le cœur, qui s'ouvre entier pour que s'écrive le langage ; sur l'ultime aussi bien que le premier support, qu'écrire et lire cherchent désespérément : à atteindre. On meurt auprès de ceux qui ont toujours été là, qui seront là toujours. On meurt : on meurt, on est à terre. On écoute les poètes, on écoute leur voix, le temps qui passe par leur souffle, venus de tous pays, marchant vers nulle part, on entend le murmure du monde, la mémoire de l'oubli, un long chant lancinant, et qui s'élève : et nous rehausse. Ils sont tous là, assis par terre, le dos au mur, à faire un feu avec la vie. Ils sont là, tous, à faire des flammes avec leurs mains, mettre des braises dans leur bouche, et nous réchauffer le cœur.

On est à terre
et c'est la fin
on meurt du vertige des oiseaux
on meurt enfin
tout en rêvant
qu'une armée en furie
baisse la tête devant :
une poignée de fous.

Achevé d'imprimer en avril 2014
dans les ateliers de la Nouvelle Imprimerie Laballery
à Clamecy (Nièvre)
N° d'éditeur : 2398
N° d'édition : 267436
N°d'imprimeur : 404127
Dépôt légal : mai 2014

Imprimé en France